「健康」「美」「幸せ感」を
レベルアップする

大人女子力 ♡ 検定

OTONA JOSHIRYOKU KENTEI

横森理香

YOKOMORI RIKA

Discover

もっとキラキラ輝く女性になるために……。
健康、美しさ、幸せを手に入れた
「素敵★大人女子」を目指してください！

こんにちは！　作家の横森理香です。

私は長年、小説やエッセイで、女性を応援する本を書いてきました。

その経験をもとに、日本女性の「健康」「美」「幸せ感」をアップするために、一生続けられるゆるい運動と、生涯学習を啓発する「一般社団法人日本大人女子協会」を立ち上げました。

そこで開催しているのが、「素敵★大人女子」を簡単に目指せる「大人女子講座」です。

「大人女子」の中心メンバーは、四十代から五十代の悩み多き「お年頃」女性たち。

「更年期」という心身の不調の山場を上手に乗り切り、イキイキと生涯「素敵★大人女子」として生きるか、それともあきらめて愚痴っぽいオバサンになってしまうか、その分かれ目が「アラフォー・アラフィフ」とも言えるでしょう。

死ぬまで健康であること、もちろん心も体も（できれば経済も）自立していること。たとえ

体調を崩しても、自力でクリアできるよう日々のケアを怠らないこと。そして〝幸せは自分でつくる〟ことを、しっかりと意識して暮らしていくこと……。

これが年齢を重ね、人生を謳歌する「素敵★大人女子」として必要なことであり、ふだんから私が講座でお伝えしていることです。

そんな「大人女子講座」を、70問のQ&Aでわかりやすくひもとき、楽しみながらおうちで受講できるのが、この本です。

昨今、スマートフォンの台頭で、私たちの「本を読む力」「長い文章を読む力」がなくなってきたため、今回はこうやって、「クイズ形式」で楽しく学ぶ本を作るに至りました。これなら、短い文章なので読みやすいですよね！

そしてたまには、インターネット上ではなく紙に印刷されたものを読むことで、目の疲れが半減するかもしれません。テレビもパソコンもスマホも、全部「光」を見ているので、目の負担は大きいのです。

物書きである私は、昼夜逆転のパソコン生活で、三十代にしてすでに、心身の不調を感じ始めました。

女性は体調と美容状態が悪くなると、それだけでアンハッピーになってしまうんですね。

みなさん、女性ならば同じ経験をおもちだと思います。

そこをなんとかしたくて、ダイエットや運動、美容法に色々とトライするのですが……。

あらゆる健康・美容法、ダイエットが世の中には氾濫しています。

何をやっても、短期的には効果があると思いますが、それが続くかどうかが問題なのです。

私も、スポーツクラブに入っては続かず、を二十代から三十代まで繰り返していました。家でDVDを見ながらするヨガやダンスエクササイズも、続きませんでした。

結局、続いたのは、三十代でお世話になっていた治療家に勧められた、ベリーダンスだけ。

それも、アメリカ人の先生に、「健康のためだけに習いたい」と告げ、五年間、プライベートレッスンで「ウェルネス」を目的としたベリーダンスを特別に教わったのです。

じつはこのベリーダンスこそ、「大人女子講座」のスタート地点。

その後、私は同じ先生のグループレッスンでベーシックを一からやり直し、「心身の健康のためだけなら、ベーシックだけで十分だ」とわかりました。

生命エネルギーの源である丹田を中心に腰をまわしたり、8の字を描くベリーダンスは、まず元気が出てくる。おおもとの「骨盤底筋運動」を始め、いろんな動きを取り入れ、一時間で誰でも全身運動ができるプログラムを作りました。それが健康と幸せ感だけを目的とした「ベ

私が主宰する渋谷のサロン「シークレットロータス」で教え始めて10年。2017年には「一般社団法人日本大人女子協会」を立ち上げ、「ベリーダンス健康法」の講師養成と「大人女子講座」を始めました。

この本は、実際の大人女子講座でもテキストとして使われます。まずPART1では、健康とは何かを根本から考え、生き方を変えてみようという内容を。PART2では、美しさについて。見た目だけではなく、内側から美しくなるための工夫やコツを。PART3では、幸せについて。幸せは「あっちの方向からやってくるものではなく、自分でつくるものですよ、そのためにすることは……」といった、具体的なお話などなど、読んで知って、すぐ実践できるヒントを紹介。

そして最後、PART4は、大人女子力がわかる「実力テスト」をご用意！ 巻末の「大人女子力」得点チェックシートに書き込みながら、くり返しチャレンジしてみてくださいね。

今までの人生で、何が欠けていてもOKです。

過去は過去、これからの残りの人生を、豊かで深い「素敵★大人女子」で生きるために、この本を役立ててください！

さあ、始めましょう(^^)/

「大人女子力♡検定」を始める前に
心と体、食のバランスをチェックして今の貴女を知ろう!

やる気が出ない、ちょっとだるい、最近小さなミスを連発している……、
などなど、今の暮らしに、マイナス要素が潜んでいませんか?
心と体はご存知の通り、密接な関係にあります。
加えて、充実した毎日を送るためには、良質な食事が欠かせません。
ですが……ついつい、忙しいからと日々の食事をおろそかにしていませんか?
美味しい＝楽しい、幸せである、ということを
「素敵★大人女子」を目指す貴女ならご存知ですよね?!
というわけで、まず手始めに、以下の「食と体のチェックシート」を
Yes、Noで答えて、今の貴女を知りましょう!

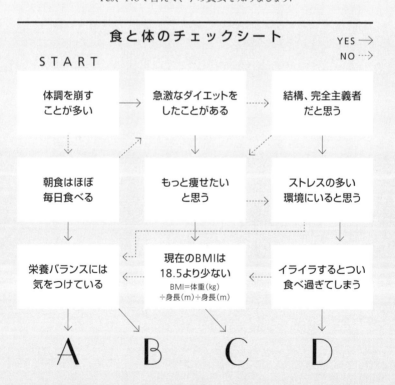

今の貴女はどのタイプ？

C 規則正しく、好き嫌いなく食べましょう

ちょっと痩せ願望が強いのではないでしょうか。貴女の周りには多少ぽっちゃりしていても、魅力的な女性はいるはずです。それに、体力がなければ、楽しいことも十分に楽しめません。まずは、できるだけ規則正しく、好き嫌いなく食べることから始めてみてはいかがでしょう？

A カルシウムをしっかり摂って、バランスの良い食事を

正しい食生活が身についています。この調子で健やかで、しなやかな心と体づくりを続けてくださいね。女性は更年期以降、骨粗鬆症になりやすいので、乳製品や骨ごと食べられる小魚、豆腐や厚揚げなどの大豆製品、小松菜などの青菜を積極的に摂り入れれば、ほぼ完璧です。

D ストレス発散法を探してリラックスを！

食べることでストレスを発散することが多いようです。あなたのストレスがたまるのは、いつ、どんなとき？　食べる以外のストレス発散法は、ほかにありますか？　軽く運動をしたり、ゆっくりお風呂に入ったり、散歩をしたり……。食べること以外にもリラックスできる方法を探してみましょう。

B 主食・主菜・副菜のそろった献立を目標に！

基本的な食生活は実践されていますが、栄養バランスをとるのがちょっと苦手なようですね。まず主食・主菜・副菜のそろった献立づくりを目標にしましょう。主食は穀物、主菜は肉や魚、大豆製品を使った大きなおかず。副菜は野菜や海藻、イモ、キノコなどを使った小さなおかずをバランスよく摂りましょう。

結果はいかがでしたか？
「とっても簡単でした」なんて思っていては、ダメダメ！
序の口で満足していたら、「素敵★大人女子」は、どんどん遠のいていきます。
「大人女子力♡検定」の本番は、これからです。
さらなる"健康と美と幸せ感"を得るために……。
P15から始まる70問のQ&Aに答えて、今の貴女を知って、
深く広く有意義な人生を送ってください！

「食と体のチェックシート」
出典／農林水産省Webサイト　http://www.maff.go.jp/j/syokuiku/minna_navi/check/chart3.html

CONTENTS

もっとキラキラ輝く女性になるために……。
健康、美しさ、幸せを手に入れた
「素敵★大人女子」を目指してください！　　　　　2

心と体、食のバランスをチェックして
今の貴女を知ろう！　　　　　　　　　　　　　　6

大人女子講座 PART1 健康 大人女子力　　　　　13

大人女子講座 PART2 美 大人女子力　　　　　　59

大人女子講座 PART3 幸せ感 大人女子力　　　　105

大人女子講座 PART4 実力テスト 大人女子力　　151

これからも、大人女子力を磨き続けていきましょう！　174

「大人女子力」得点チェックシート　　　　　　　巻末

大人女子講座 PART1 健康　　大人女子力

基礎編

Q1	最近、急に太ってきた。さあどうする?	15
Q2	最近、肌荒れが加速して困っている	17
Q3	「健康」の定義について述べよ	19
Q4	大人女子に最適な運動は?	21
Q5	「歯」と「歯茎」のケア、一番いいのは?	23
Q6	白髪、貴女はどうしてる?	25
Q7	大人女子に最適な「健康食」は?	27
Q8	毎日のお風呂、貴女はどうしてる?	29
Q9	肩こり、腰痛、関節痛、どうしてる?	31
Q10	貴女は便秘? 日々の対策はどうしてる?	33

　　大人女子の「健康」とは?　　35

応用編

Q1	眠りづらい、夜中に目が覚める、どうずればいいの?	37
Q2	これが「快便☆」です	39
Q3	水分補給? ええ、してますよ	41
Q4	一日のうちの「座る時間」貴女は何時間?	43
Q5	「姿勢」について、貴女はどうお考えですか?	45
Q6	出た! 足の痛み! その対処法	47
Q7	「トゥースフロス」って知ってる?	49
Q8	サプリを飲むタイミングは?!	51
Q9	体に良い油は?	53
Q10	素敵なレストランランチで選ぶメニューは?	55

　　一生続けられる健康法とは?　　57

　　　大人女子の健康は「中庸」で　　58

大人女子講座 PART2 美　　大人女子力

入門編

Q1	お洒落はどうしてる?	61
Q2	ヘアスタイルはどうしてる?	63
Q3	メイクアップ、貴女はどうしてる?	65
Q4	爪のお洒落、貴女の場合は?	67
Q5	お履き物の問題です!	69
Q6	目に見えないお洒落、それは下着……どうしてる?	71
Q7	ムダ毛と角質ケア、してる?	73
Q8	シャンプーや石鹸について	75
Q9	入浴剤、貴女はどうしてる?	77
Q10	アロマテラピーしてますか?	79

大人女子の美は「バランス」　81

中〜上級編

Q1	唇の乾燥に一番いいリップクリームは?	83
Q2	喉痛い! 風邪? その対処法	85
Q3	妙な汗をかくけど、これって更年期?!	87
Q4	頻尿や尿漏れが気になってきた?	89
Q5	歯の嚙みしめが気になってきた?	91
Q6	一日どれぐらい、微笑んでますか?	93
Q7	膝、手首などの関節の痛み、どうしてる?	95
Q8	突然の片頭痛、めまいの対処法は?	97
Q9	化粧品のお金のかけどころは?	99
Q10	あなたは「スマホッ首」ですか?	101

大人女子の美は内側も重要　103
自分を愛しましょう　104

大人女子講座 PART3 幸せ感 大人女子力

入門編

Q1	「幸せ」の定義について述べよ	107
Q2	もし病気やケガ、その他で困ってしまったら	109
Q3	大人女子の幸せ、どうやってつくる?	111
Q4	自己啓発セミナーの類について	113
Q5	大人女子の会話について	115
Q6	お金とは、なんだと思いますか?	117
Q7	パートナーについて	119
Q8	貴女が「幸せ〜☆」と感じる時は?	121
Q9	大人女子のワークバランスは?	123
Q10	人生楽しくちゃ、いけないの?	125

大人女子の幸せは自力で　　　127

中〜上級編

Q1	全てのものに「命」があると思いますか?	129
Q2	「気」についてお答えください☆	131
Q3	「引き寄せの法則」を信じますか?	133
Q4	幸せの秘訣はなんだと思いますか?	135
Q5	健康的な生活、送れてますか?	137
Q6	肉体・精神・魂のバランス、取ってますか?	139
Q7	「死んだら終わり」と思いますか?	141
Q8	人の欲望は限りないと思いますか?	143
Q9	「自分」を取り戻す儀式、持ってますか?	145
Q10	貴女は「自分」を活かしてますか?	147

大人女子の幸せは総括的に　　　149

幸せって、何?　　　150

大人女子講座 PART4 実力テスト 大人女子力

実力テスト

Q1	過去十年、適正体重を保っていますか?	153
Q2	「アーユルヴェーダ」を知っていますか?	155
Q3	歯と歯茎に当てる歯ブラシの強さは?	157
Q4	「ミトコンドリアエンジン」って知ってる?	159
Q5	「グルテンフリー」がダイエットに良い理由を述べよ	161
Q6	ストレスを軽減する方法は?	163
Q7	むくみを取る方法は?	165
Q8	アンチエイジングに最適な食べ方の順序は?	167
Q9	貴女の家にある食用油は?	169
Q10	今日も一日元気ハツラツ☆ 毎朝そう感じてますか?	171
	身も心も「素敵★大人女子」に!	173

大人女子講座
PART 1

健康

大人女子力

大人女子講座　PART1　健康

基礎編

死ぬまで健康で美しく、
ピンピンコロリで生きていく……。
目指すは、生涯現役の、心も体も自立した女性。
「素敵★大人女子」は、ビンテージワインのごとく、
味わい深いのです。
さあ、「素敵★大人女子」の第一歩である「健康」から、
頑張りましょう☆

質問には、頭でわかっている答えではなく、
実際ご自分ができていることで答えましょう。
P35で今の貴女の〈PART 1 健康・基礎編〉レベルをチェック！

PART1 健康

大人女子力 基礎編

最近、急に太ってきた。さあどうする？

A	B	C	D
流行りの○○ダイエットで急いで痩せる	痩身エステに大金をつぎ込む	ランニングを始める	三食適量を食べ、間食はやめる

Q1 の 解 説

A　大人女子力度 0点

短期間で痩せてもリバウンドがひどく、逆に太ってしまうことも。**太ったり痩せたりのヨーヨーダイエットは成人病の元になり、五十代以降の「食べないダイエット」は栄養不足から老化を促進してしまう**というデメリットが。

C　大人女子力度 1点

ランニングは天候に左右され、三日坊主に終わりがち。運動は続けてこそ価値があるので、毎日、もしくは**週最低二日は続けられる運動**を。また、激しい走りは体内の活性酸素を増やすため、老化の元に。日光に当たり過ぎてもたるみの原因になってしまいます。

B　大人女子力度 0点

私も経験がありますが、お金をかけなければ痩せられると思うのは間違いです。安直な考えでは世にはびこる「ダイエット商売」の餌食になるだけです。「他力本願」では痩せられないし、**生涯続けられるダイエットでないと、意味がありません**。

D　大人女子力度 5点

正解です☆　アンチエイジングの世界的大家、クロード・ショーシャ※先生も**「三食きっちり食べ、栄養をまんべんなく吸収するのが○」**と言っています。さらに、夕飯のドカ食い予防に、午後四〜五時の間のおやつを勧めています。

※フランス人。老化のメカニズムについて記した著書は、100万部を超えるベストセラーに。世界各国で出版されている。

PART1 健康

大人女子力
基礎編

最近、肌荒れが加速して困っている

A 高級美容液やエステに大金をつぎ込む

B 早寝早起き生活に変える

C 「保湿パック」や「スチーマー」を購入

D ビタミン剤やサプリで栄養を補給

Q2 の解説

A　大人女子力度 0点

お肌は腸の状態の現れと言われています。外側から何をしようと、ライフスタイルを変えないことにはあまり効果がありません。高ければ効くだろう、というのも「他力本願」の証拠。高級品を買えるという傲慢さも加わり、「大人女子」失格。

C　大人女子力度 1点

乾燥肌の方、また、乾燥が厳しい季節には、「スチーマー」や「保湿パック」も有効でしょう。でも、お肌の潤いは実は内側から☆　ライフスタイルと食生活の見直しで、インナービューティを目指しましょう。

B　大人女子力度 5点

正解です☆　早寝早起きこそ最高の美容液。夜十時から午前二時は「お肌のゴールデンタイム」と言われ、この時間に寝ていると、肌の調子のみならず、ホルモンバランスも整い自然治癒力もアップします。一生続けられるのもポイント。

D　大人女子力度 1点

必要に応じてビタミン剤やサプリを摂るのもいいけど、あくまでも食事とともに「栄養補助食」として摂ってくださいね。サプリだけ摂っても脳は「食べ物が入ってきた」という指令を受けないので、その栄養素はあまり吸収されません。

PART 1
健康

大人女子力
基礎編

「健康」の定義について述べよ

D	C	B	A
体さえ元気なら「健康」と言えるだろう	心身ともに充実していて幸せ、それが「健康」だ	体調が悪くても、日常生活が送れれば「健康」だ	「病気」がなければ「健康」だ

Q3 の解説

C 大人女子力度 5点

正解です☆ 体だけでなく心も充実していて、夢や生きがいがあって、イキイキと毎日を送れる。それが「健康」です。
また、そういう生き方を目指すと、もっと「健康」になれます。

A 大人女子力度 0点

「病気」は英語で「Disease」。「ease（安楽）」ではない、の意。
つまり、病院にかかって「病名」を与えられなくても、痛い、痒い、辛いなど、リラックスできないような症状がどこかにある場合、「健康」とは言い切れないのです。

D 大人女子力度 0点

体だけ元気でも、心が不満のかたまりなら、「健康」とは言えません。加齢が進むにつれ、やがて肉体も病んでしまうでしょう。また、自分の心が健康でないと、身近な人からその心を蝕んでいきます。社会的な損失を生むのです。

B 大人女子力度 1点

確かに、日常生活が送れればそれでよしとしている社会です。が、人は肉体、精神、魂が三位一体となって初めて完全な状態となります。どこかを無視して働き続ければ、やがて健康ではなくなります。

PART1 健康

大人女子力
基礎編

大人女子に最適な運動は？

A ウェイトを使った筋トレ

B スポーツクラブに入会する

C ヨガ、ピラティスなどで「コアトレ(体幹を鍛える運動)」

D ウォーキングかランニング

Q4 の解説

C　大人女子力度 5点	A　大人女子力度 1点
正解です！ 大人女子が鍛えるべきはコア（芯）の筋肉。加齢とともに緩んで外へ外へと広がっていく体を「コアトレ」で中心に寄せる力を養い、尿漏れなどのご不幸を回避。最低週一、二回はやりましょう☆	骨密度を上げるためにも、ウェイトを使って負荷をかけた運動は○。でも続かないと意味がないので、続けられる努力家向きでしょう。
D　大人女子力度 1点	B　大人女子力度 1点
ウォーキングは、毎日の通勤や、犬の散歩などで歩く機会が多い人向け。ランニングも好きな人にはお勧めだけど、年齢とともに足腰に故障を起こす要因となるので、コアトレも必要。	毎日通ってなんらかの運動をすれば○。でも続かないと意味がないので、スポーツクラブが好きな人のみ有効。

PART1
健康

大人女子力 基礎編

「歯」と「歯茎」のケア、一番いいのは？

A	口臭を予防するマウスウォッシュ
B	ホワイトニング効果のある歯磨き粉
C	食事のあとに必ず歯磨き
D	一日一回十五分かけて「プラークコントロール」

Q5の解説

A　大人女子力度 0点

口臭の元は歯茎の炎症にあり。マウスウォッシュで一時的に口臭を消せても、気になる臭いは戻ってきます。また、マウスウォッシュを使い過ぎると口腔内の良い菌も死んでしまうのでNG。歯の磨き方を学び、歯槽膿漏予防を徹底的にしましょう☆

C　大人女子力度 1点

食事のあとの歯磨き習慣は素晴らしいけど、実は、**朝起きた時にこそ歯は磨くべき**。寝ている間にウンコ10gもの細菌がお口の中にたまっているのです（by「ホワイトホワイトデンタルクリニック」石井さとこ先生）。

B　大人女子力度 1点

ホワイトニング効果を表示している歯磨き粉には、強い研磨剤を含むものがあり、硬い毛質の歯ブラシでゴシゴシすると歯のエナメル質が傷つき、知覚過敏の原因に。

D　大人女子力度 5点

朝起きぬけ、毎食後の軽い歯磨きプラス、**夜寝る前の十五分かけた「プラーク（歯垢）コントロール」**が大切。歯と歯茎の間、歯と歯の間を、歯間ブラシやトゥースフロスも使って徹底的にお掃除しましょう！

※医療法人社団マリア会　ホワイトホワイト　0120-469-701

PART1 健康

大人女子力 基礎編

Q6

白髪、貴女(あなた)はどうしてる？

A 市販の白髪染めやヘアマスカラで染めている

B 美容院で染めてもらっている

C 「ヘナ」などのナチュラルカラーで染めている

D そのまんま放置。あるがままの自分が好き♡

Q6の解説

C　大人女子力度 5点	A　大人女子力度 1点
正解です☆　年齢とともに頻度が増す白髪染め。経皮毒が気にならないヘナなどの草木染めや昆布染めが良いでしょう。ナチュラルな毛染め染め剤にはトリートメント効果やコーティング効果があるので、ハリやこしも期待でき、大人女子向け。	市販の白髪染めでも、マメにキレイに染めるのはいいことです。が、ケミカルな毛染め剤は、経皮毒※が気になるところ。ヘナ、昆布などのナチュラル系に変えましょう。
D　大人女子力度 0点	B　大人女子力度 1点
白髪が似合うお年頃になるまで、「素敵★大人女子」としては、染めておいたほうが良いでしょう。ある七十代の方は、茶色のヘナで染めた髪がなぜか紫色に変化し、とても素敵なヘアカラーになっていました。	美容院で染めてもらえば自宅で染めるよりキレイに染まるうえ、ヘアトリートメントもきちんとしてくれるので◎。ただ、ケミカルな毛染め剤は経皮毒が気になります。更年期には肌が過敏になりかぶれる人も。ナチュラル系がベター。

※皮膚を通して体内に取り込まれる化学薬品。

PART1 健康

大人女子力 基礎編

大人女子に最適な「健康食」は？

A	マクロビオティック（玄米菜食）
B	ローフード（生食）
C	オーガニック（無農薬）
D	昔ながらの和食（家庭料理）

Q7の解説

A　大人女子力度 1点

まだ消化力の盛んな三十代までは、玄米菜食はダイエットにもデトックスにもいいので○。でも四十代以降は消化力が衰え、栄養の吸収も悪くなるので、玄米菜食だけでは「健康」を保てないのも事実。食べられる時に、食べられるものを。

B　大人女子力度 1点

ヘルシー志向でローフード（生食）も流行りましたが、体を冷やしてしまうという難点が。いきのいい酵素が摂れるしぼりたて生ジュースや生食は、夏場は大いに楽しみましょう。冬場は味噌や発酵食品などで代替すること。

C　大人女子力度 1点

私もできる限りオーガニックを心がけていますが、オーガニックでないと健康食ではない、という考え方は逆に不健康です。それに、経済面、便宜性で無理、ということもあります。イージーゴーイングとバランスが大切。

D　大人女子力度 5点

正解です☆　簡単なものでいいので、家で作って食べるのが、一番自分や家族を健康にしてくれます。そして、日本人には和食が一番合います。味噌・醤油・納豆・ぬか漬けなどの発酵食品が豊富で、体だけでなく心も温めてくれるのです。

PART1
健康

大人女子力
基礎編

毎日のお風呂、貴女はどうしてる？

A	B	C	D
忙しいのでシャワーでサッと済ます	スポーツクラブのお風呂会員です♡	38度ぐらいのお風呂に二十分浸かる	朝シャン派。夜はお風呂に浸かるだけです

Q8の解説

A 大人女子力度 0点

お風呂は体を温めて血行を良くし、毛穴を開かせて汚れを取ってくれます。軽い運動と同じぐらいの健康効果があるので、忙しくても湯船に浸かる時間は取りましょう。夏場も意外と冷房冷えしているので、一日一度は湯船に。

B 大人女子力度 1点

家でお風呂の支度をするのがメンドクサイと、大きいお風呂に入るのが目的でスポーツクラブに入会している人は多いと聞きます。街場の銭湯やスーパー銭湯も、たまにはいいけど、毎日のこととなると経済的な負担が大きく、冬場は湯冷めの危険が。

C 大人女子力度 5点

38度ぐらいのお風呂にゆったり浸かることで芯から温まるだけでなく、副交感神経が優位になってよく眠れるように。半身浴から始まり、歯磨き、メイク落とし、体洗い、シャンプーと、「反復浴」をしながら健康・美容度UP☆

D 大人女子力度 1点

体を洗わないで湯船に浸かるだけの「タモリ式入浴法」を実践している人も多いと聞きますが、大人女子としては？？？ 朝シャンも、冬場は湯冷めの危険性が高く、シャンプーしたての地肌は、油膜が張られていないので毛穴に汚れが入りやすいとの説も。

PART 1 健康

大人女子力 基礎編

肩こり、腰痛、関節痛、どうしてる？

A	痛み止め成分入りの湿布・塗り薬で緩和
B	お風呂や温泉でよく温めて緩和
C	整体、針灸、マッサージに通う
D	ストレッチとマッサージ、運動で緩和

Q9 の解説

C 大人女子力度 **1**点	**A** 大人女子力度 **1**点
私も、「ぎっくり腰」など、どうしようもない時は治療家の手に委ねますが、**自力で体を整えられるようになるのが「素敵★大人女子」**。肩こり、腰痛、関節痛のない体作りが基本です。	あまりにも痛い時は、痛み止め成分の入った湿布や塗り薬が有効ですが、**あくまでも短期間の対症療法**。痛みを止めている間に自然治癒すればいいのですが、ずーっとこれに頼ると、湿布薬臭いオバサンに……。
D 大人女子力度 **5**点	**B** 大人女子力度 **1**点
自分でマッサージ、ストレッチ、そして運動をすることで、年寄り臭い痛みからは解放されます。打ち身や筋肉痛にはアルニカ（ヨーロッパ原産のキク科の植物）ジェル、肩こりなど慢性の痛みには、ローズマリーなどのアロマオイルでマッサージを☆	毎日お風呂でよく温まる、たまに治癒効果の高い温泉に浸かる。**年齢とともに必要な対処法ですが、これだけでは定型的なオバサンのライフスタイル**。大人女子としては、得点低し。

PART1 健康

大人女子力 基礎編

貴女は便秘？日々の対策はどうしてる？

A　市販の便秘薬を使用、たまに浣腸

B　朝一杯のお水☆

C　乳酸菌や酵素、プルーンなど、緩下作用のある食品で

D　おなか周りを動かす運動や、おなかをマッサージ

Q10 の 解説

A　大人女子力度 0点

便秘対処法の初歩です(笑)。死ぬまでこれを続けるのは、大人女子としては失格。中学生レベルといっていいでしょう。特に浣腸は、腸の良い菌まで流してしまうので、のちのち残念な結果に。**自力で出す力を養いましょう**☆

B　大人女子力度 2点

お水を飲む習慣がない五十代の女性が、整体師である弟のアドバイスで、**朝起きぬけに水を一杯飲むようにしたところ、長年の便秘から解放された**そうです。健康・美容意識の高い「大人女子」は、当然飲んでますよね? 冬場は水ではなく白湯に変えましょう。

C　大人女子力度 3点

食生活に野菜、納豆、ヨーグルト、ヤクルトなどの乳酸菌や酵素をうまく取り入れ、**腸内環境を良くしたうえで、プルーンなど緩下作用のあるものを朝食時に摂ること**。毎朝スッキリを実現できます☆
便意を感じた時にトイレに行ける環境作りも大切。

D　大人女子力度 5点

私の「ベリーダンス健康法※」で、初めておなかを動かした人が、長年の便秘から解放された事例が多く出ています。おなかマッサージもいいのですが、**自力でおなかを動かせるようになる「ベリーダンス健康法」で、毎日スッキリ**☆

※臍下丹田を中心に動かすベリーダンスを元にした健康法。

PART1 健康
基礎編

大人女子の「健康」とは？

いかがでしたか？ あなたの健康の基礎知識のレベルはこちら。

0〜15点…健康・不健康以前の問題！ ピヨピヨレベル

16〜30点…30代ならよかったけれど、大人女子としては心もとないレベル

31〜40点…体の声に気づいているあなたは大人女子としては優秀です！

41点以上…さすが！ わかってらっしゃる！ あとは実践あるのみ

わかってそうでわかってないのが、「健康」について。

テレビやインターネットで得た知識で、付け焼刃の「健康意識」を身に付けても、「基本」がなってないと続きません。

2018年から、死ぬまで健康で美しく、心も体も自立した女性を目指す「大人女子講座」を開催していますが、実際の生徒さんにも、

「これは知らなかった！」

という方がいらっしゃいます。

科学やテクノロジーがいくら進んでも、人間の脳や体は、太古の昔からあまり変わっていないのが事実。

「自然」に還るといっても、無理があるのもまた事実ですが、できるだけ本来人間が営んできた自然な生活を意識すると、「健康」に生きられるのです。

大人女子講座　PART1　健康

応用編

さあ、だんだんレベルアップしていきますよ〜。
前章よりも、少し難しくなりますが……、
「素敵★大人女子」になるため、頑張りましょう♡

質問には、頭でわかっている答えではなく、
実際ご自分ができていることで答えましょう♡
P57で今の貴女の〈PART 1 健康・応用編〉レベルをチェック！

PART1 健康

大人女子力
応用編

Q1

眠りづらい、夜中に目が覚める、どうすればいいの？

- A コーヒー、緑茶、紅茶などカフェイン入りの飲み物は減らす
- B 夕方以降の仕事や作業、口論は避け、リラックスを心がける
- C 日中、運動や散歩などをうまく取り入れ、肉体的に疲れさせる
- D 睡眠薬や寝酒で対処

Q1の解説

A　大人女子力度 2点

四十代以降、眠りが浅くなってくるのは自然のこと。まずは、これまで何時でもガブガブ飲んでいたカフェイン入りの飲み物を減らしてみること。特に午後三時以降はNG。紅茶が好きな方はルイボスティーに変えてみては？

C　大人女子力度 2点

動かず頭ばかり使っていると、眠りづらくなる傾向に。散歩や軽い運動が睡眠の質を高めてくれます。特に、ヨガ、ピラティス、ベリーダンスなど、いつも使わない筋肉を使った運動は、体がリラックスしてよく眠れるようになります。

B　大人女子力度 2点

集中力のいる仕事や作業、興奮してしまう口論は避け、リラックスを心がけて。38度くらいのぬるいお風呂に浸かって副交感神経を優位にしたら、早めにベッドに。スマホ、パソコンもブルーライトが脳を覚醒させてしまうので夜はNG。

D　大人女子力度 0点

日常的に睡眠薬やお酒で眠るのはNG。睡眠薬は徐々に効かなくなり、お酒は酔いが覚めたと同時に目も覚めてしまいます。依存心を捨て、「自力熟眠」を目指しましょう☆

危機的な状況で医師にかかり処方された場合は仕方がないとして、

PART1 健康

大人女子力 応用編

これが「快便☆」です

A	一日のうち、いつでもスッキリ出ればそれが「快便」
B	トイレで本や新聞を読む、スマホを見るなどして……
C	便意を感じてトイレに行き、座ってすぐ出る
D	かなりいきんで時間をかけて生み出すのがワタシ流

Q2 の 解 説

C 大人女子力度 5点

正解です☆ コーヒーを飲む、パソコンでメールチェックをするなど、便意を催す自分なりのルーティンを作り、**便意を感じたら逃さずトイレに**。いきむことなくすぐ出てスッキリ☆ これが理想です。

A 大人女子力度 2点

朝忙しいとトイレに行く暇がなく、一日のうちどこかで出すことになるのですが、トイレに行けない場合は便秘の原因に。**朝早く起きることで時間に余裕を持ち、用便は済ませてから出かける**のが◯。

D 大人女子力度 1点

出ないより出たほうがマシですが、いきむと肛門に負担がかかるので、便が硬くなる前に毎日出す習慣を作りましょう。すんなり出る便は、たっぷりの水分と食物繊維でできているので、食習慣を見直してくださいね。

B 大人女子力度 1点

便秘がちな方は、トイレにいろいろな物を持ち込む傾向にありますが、余計なことはトイレ以外でしてください。**トイレでは意識を「排便」に集中して、深い呼吸とともにすんなり出すのが◯**。

PART1 健康

大人女子力
応用編

Q3

水分補給？ ええ、してますよ

A お茶するの大好き♥ 水分補給にもなるし

B 喉が渇くとコンビニや自販機で飲み物をゲット

C え？ ビールも水分補給でしょ？

D お水か白湯をちびちび飲んでいます

Q3の解説

A　大人女子力度 1点

水分を全く摂らないよりも、お茶でも飲んだほうがいいのですが、お茶・コーヒー類は利尿作用があり、より多くの尿として出てしまうのでNG。お茶・コーヒーは嗜む程度にして、水分補給は水、白湯で。

C　大人女子力度 0点

アルコール類は利尿作用が強く、体外に出てしまうのでNG。のど越しが爽やかなビールは喉の渇きが癒されたような気になりますが、酔いが覚めた時に目が覚めるのは、脱水症状によるもの。**酔いは、摂取したアルコールと同量の水を飲むことで緩和されます。**

B　大人女子力度 1点

たまにコンビニや自販機でいろいろな飲み物を買って飲んでみるのも楽しいのですが、お茶類は利尿作用があり、ソーダ類、機能性飲料は甘味が強く「水分補給」としてはNG。あくまでも「水」を補給してください。

D　大人女子力度 5点

水分補給には「水」が一番。冬場はそれを白湯に変え、春と秋は常温で。喉が渇く前にちびちび補給するのが体に水分を保つコツ。一気にがぶ飲みしても尿として出るだけなので、常にボトルを携帯、たびたび補給するのが◯。

PART1 健康

大人女子力
応用編

Q4

一日のうちの「座る時間」貴女は何時間?

A	B	C	D
パソコンで仕事をしているので、一日七〜八時間	営業職、もしくは家事と子育てで忙しく、一日一〜二時間	意識的に、三時間以内に留めている	寝転んでいる時間のほうが長いかも(笑)

Q4 の 解 説

A　大人女子力度 0 点

座業は年齢とともに体への負担が重くなります。三十分か一時間おきにストレッチをするなど、体が固まらないような工夫をしてください。社内か、ちょっと外への散歩もいいでしょう。居職の方は家事を挟んで。

B　大人女子力度 5 点

ゆっくり座っている間もないわ、とストレスを感じているかもしれませんが、そのほうが健康にいいのです。体は、マメに動いているほうが調子は良く、「座る」よりむしろ「腰かける」ぐらいでじゅうぶん。

C　大人女子力度 3 点

五十代以降は、意識して座る時間を短くしないと、体があっという間に固まり、腰痛、五十肩などの苦難に遭遇します。集中して短時間で仕事や作業をし、あとは体を動かす生活にシフトしていきましょう。

D　大人女子力度 1 点

座っている時間が長いより、むしろソファに横たわっているほうがマシ。でも、横たわって休息を取ったら、自分を活かす、集中力のいる仕事を一日数時間でもしたほうがいいです。身も心も引き締まりますよ!

PART1
健康

大人女子力
応用編

「姿勢」について、貴女はどうお考えですか？

A	姿勢が悪いのは気になるが、直せないので仕方がない
B	気が付いた時に、姿勢を正しくするよう気を付けている
C	お洒落が好きなので、鏡で姿勢チェック☆
D	ダンスをしているので、姿勢は360度意識♥

Q5 の解説

A 大人女子力度 0点

良い姿勢は「見栄え」の問題だけではなく、「健康」のために必要です。悪い姿勢は体の歪みを作り、年とともに健康被害が。ゆくゆく、腰が曲がって杖が必要になる事態を招くことになります。

B 大人女子力度 1点

人のふり見て我がふり直せ。猫背で座っている人を見た時、すっと姿勢正しくしている人を見た時、**たまにでもいいので自分の姿勢を正してみるのが、まず第一歩です**。

C 大人女子力度 3点

お洒落をした時、鏡でチェックするだけでなく、スマホで自撮りするのをお勧めします。写真で客観的に見てみると、キレイに見えるポーズや姿勢がわかってきて、ふだんからその姿勢を取ろうと気を付けるようになります。

D 大人女子力度 5点

ダンスを習い始めると、正面だけではなく、側面、背面も意識するようになります。実は、エイジングを**感じさせやすいのは「後ろ姿」**。人は360度見られているので、ダンスをやっていなくても、**背中**にも意識を。

PART1
健康

大人女子力
応用編

出た！ 足の痛み！ その対処法

A	B	C	D
ウォーキングシューズに変える	毎日、足マッサージをする	整体か、足の専門医にかかる	痛くなるほど歩かないようにする

Q6 の解説

C　大人女子力度 1点

最初はプロの手に委ねるのも手ですが、ずっと続けられるかどうかが問題。経済的負担もさることながら、通院し続けるのも難儀。プロに治してもらったら、あとは自分でメンテできるよう、日々のケアを学びましょう。

A　大人女子力度 2点

足の痛みが出てきた場合、まず、歩きやすい靴にするのが第一歩です。ただ、デザイン的にNGなのは、大人女子としては×。**お洒落に見えて、かつ足に負担のかからない靴を選びましょう。**

D　大人女子力度 0点

体に痛みが出てきたら、動くのが億劫になるのが人間。でも、それだとますます筋力が衰えて、代謝も悪くなり、脚力が弱まる一方に。**全身状態を良く保つためにも、痛みを改善し、日々体を動かすことを念頭に。**

B　大人女子力度 5点

足に痛みが出てきたら、足マッサージは毎日しましょう。加齢により足裏のアーチ（土踏まず）がなくなることで出てくる足底の痛み。これを改善するには足マッサージしかありません。日課にしてしまえばメンドクササもなくなります。

PART I
健康

大人女子力
応用編

「トゥースフロス」って知ってる?

D	C	B	A
たまに衛生士にやってもらう〜	もちろん毎日使っています	知ってるけど、使ってないw	なにそれ? トゥースフェアリー?

Q7 の解説

A　大人女子力度 0点

「トゥースフェアリー」※は知っていて、「トゥースフロス」を知らない貴女はとてもファンタジックな方。少女の可愛さはあるものの、「大人女子」としては失格。現実を直視して、歯の健康に関する考え方を立て直しましょう。

B　大人女子力度 0点

知ってるけど使ってない……これは、もはや知らないのと同じ。頭でっかちなぶん、そしてメンドクサイからという理由でケアしないのは、オバサン街道まっしぐら（汗）。

C　大人女子力度 5点

歯と歯の間のお掃除をするには、トゥースフロスを毎日かけるのが〇。フロスを30cmぐらい取り、両手にからませ、歯と歯の間に入れ、歯の側面に毎日しっかりかけるのが、歯周病予防の助けになるのです。

D　大人女子力度 1点

自分ではメンドクサイからかけないものの、衛生士に歯のクリーニングをしてもらってるだけまだマシ。でも、"たまに"は気休めにしかならないので、日々のケアがこれからはもっと大切になっていくでしょう。

※欧米の言い伝えに出てくる歯の妖精。

PART1 健康

大人女子力
応用編

サプリを飲むタイミングは？

- A 空腹時
- B 食中・食後
- C 食前
- D 寝る前

Q8 の解説

A　大人女子力度 ０点

朝食抜きでサプリだけという人、基礎編（P14〜）で学びましたよね？ **食べないダイエットは老化を促進。** 脳は食べ物が入ってきて初めて、「栄養が入ってきたぞ、吸収しよう！」という指令を出すので、サプリは食事と一緒に、が鉄則。

C　大人女子力度 １点

すぐに食事をすれば、食べ物と一緒に吸収されます。ただ、サプリの量が年々増えているという方は、「サプリごはん」でおなかがいっぱいになってしまうので、やはり、**食前に飲むのはＮＧ。**

B　大人女子力度 ５点

食事をしながら、食事をした直後に飲むのが〇。 サプリの栄養・機能が吸収されやすく、効果を発揮しやすくなります。アンチエイジングの世界的権威ショーシャ先生（P16参照）も、食事をしながらサプリを飲んでいらっしゃいました。

D　大人女子力度 ０点

成長ホルモンやメラトニンなど、就寝時に飲むべきサプリは別として、**栄養補助食品としてのサプリは、あくまでも「食事と一緒に」が基本。** また、食後すぐに寝るのは美容と健康によくないので、食後＝寝る前にならないよう気を付けましょう。

PART1 健康

大人女子力
応用編

体に良い油は？

A	カロリーオフのヘルシーオイル
B	一番搾りのごま油やオリーブオイル
C	ココナッツオイルやMCTオイル
D	亜麻仁油

Q9 の解説

A　大人女子力度 0 点

ヘルシーオイルも含め、大量生産の植物油は、製造過程で高温加熱を施し劣化しているうえに、化学薬品を使っているので、常用すると血管を傷めてしまう可能性があるという話。**摂らないに越したことはない**のです。

B　大人女子力度 5 点

油は加熱して酸化すると、体に悪いものになってしまうので、**熱を加えない一番搾り、エキストラヴァージンオリーブオイルや手絞りのごま油が◎**。加熱して劣化しにくいのはオリーブオイル。揚げ物もオリーブオイルの覚悟で。

C　大人女子力度 2 点

ココナッツオイルは「細胞の炎症を抑える」などの健康効果が高く、サプリとして毎日少しずつ摂取するのが◎。中鎖脂肪酸100％のMCTオイルは香りもなく、ダイエット効果が高いと話題ですが、続けられるかが問題(笑)。

D　大人女子力度 2 点

亜麻仁油は青魚に豊富な「オメガ3」など必須脂肪酸を含み、さまざまな健康効果の高いオイルです。特にお魚が苦手であまり食べない人は、亜麻仁油をサプリ代わりに摂取すると◎。血液サラサラ効果も♥ ただし生食で。

PART1
健康

大人女子力
応用編

素敵なレストランランチで選ぶメニューは？

A	B	C	D
アメリカンクラブハウスサンドイッチ	サーロインステーキ　ケールソテー添え	真鯛のソテー　キヌア添え	サラダランチ

Q10 の解説

C 大人女子力度 5点

旬のお魚は美味しく、しかもお魚の油は血液サラサラ効果も高いので、アンチエイジングにもってこい。またキヌアも美味しいだけでなく、低炭水化物、高タンパク、その他微量栄養素が豊富なスーパーフードです。

A 大人女子力度 0点

カリカリに焼いたベーコンにカリカリトースト、パリパリレタス、完熟トマトのアメリカンクラブハウスサンドイッチは、確かに美味しそうではあります。が、フライドポテト添えのことが多く、全体として高脂質、高糖質であることは間違いありません。

D 大人女子力度 1点

美容と健康のためにはサラダランチがとにかくいい、と思いがちですが、冬場は体を冷やしてしまいます。
腹持ちも悪く、満足感も少ないので、心と体の健康度アップのためには、あまりオススメしません。

B 大人女子力度 2点

鉄分補給をしたい場合、この組み合わせは最高の栄養補給となるでしょう。
でも、大人女子としては、牛肉なら「ヒレ」を選びたいところ。脂身を残すという手もありますが、できたらお魚を選びたいですね。

PART1 健康
応用編

一生続けられる健康法とは？

貴女の老化度がわかる健康・応用編。今のレベルはこちら。

0〜15点…このままだとどんどん下り坂です！
16〜30点…日常からどんどん変えていかないと…まずいです！
31〜40点…知識が豊富な貴女は大人女子として優秀です！
41点以上…さすが！　引き続き精進してください♡

私も三十路の声を聞いた頃から太り始め、付け焼刃のダイエットを繰り返すばかりでした。「○○ダイエット」のような流行りものは、痩せてはリバウンドでまた太る、のヨーヨー現象を繰り返し、成人病の元になるとも言われています。三十代後半はマクロビオティック（玄米菜食）にはまりましたが、四十代で消化能力が衰え、「分付き米」すらもたれるように。

そこからローフードにはまりましたが、コールドプレスジュースを作るのがメンドクサクなり、続きませんでした。今ではコールドプレスジュース屋さんも都市部でそこここにありますが、値段を考えるとやはり続きませんよね。それに寒い季節は、冷たいジュースを飲む気もしません。結局は、日本人として一番美味しいと感じる、旬の魚貝や野菜を盛り込んだ、フツーの家のごはんが一番なのです。人間はつい、流行りものに目を奪われがちですが、**一生続けられることを今すぐ始めること**が、「健康★大人女子力」を高める一歩となるでしょう。

PART 1
健康

大人女子の健康は「中庸」で

「アンチエイジングのためには何でもやる!」と、美魔女を目指すそこのアナタ。「美」と「健康」のため、いっぱいいっぱいになっていませんか?

逆に、自分を甘やかすあまり、悪いこととわかっちゃいるけど、やめられないライフスタイルを続けている、そこの貴女! 年齢とともに痛い思いをするのは自分自身です!

マジで、運動不足、体重超過は、アラフォー・アラフィフ以降、深刻な関節痛、成人病の元になります。

老婆心ながら、貴女のためを思って、私はこの本を作りました。

心身共に健康な、「素敵★大人女子」になるには、健康オタクになり過ぎない、けど、ヘルスコンシャス(健康的)な生活を送るという、「中庸」が大事なのです。

大人女子講座
PART 2

美

大人女子力

大人女子講座　PART2　美

入門編

「健康★大人女子力」基礎編、応用編を学び、
貴女は「大人女子」としての「健康意識」に目覚めました。

さて、ここからは、「素敵★大人女子」になるため、
一歩進んでその「美」に目覚めましょう♡

質問には、頭でわかっている答えではなく、
実際ご自分ができていることで答えましょう♡
P81で今の貴女の〈PART 2 美・入門編〉レベルをチェック！

PART2 美

大人女子力
入門編

Q1

お洒落はどうしてる？

A	常にトレンドを意識しています！
B	毎シーズン、新しいアイテムを購入☆
C	古くても良いものを身に着けています♡
D	あるもので、清潔だけを心がけています！

Q1の解説

A　大人女子力度 1点

雑誌やテレビ、ネット、そして街やブティックなど現場でのファッションチェックを怠らないのは、お洒落大人女子として◎。

でも、若い頃と違って、全身トレンドのファッションは痛過ぎるので、ほどほどがおすすめです。

C　大人女子力度 1点

ブランド品など、高価なお洋服はなかなか捨てられないものですが、いくら高くても古臭い感じは免れません。

どうしても着たい場合は、プチプラの新しいアイテムと組み合わせて、新鮮さをプラスして♥

B　大人女子力度 5点

正解です☆　ファッションはナマモノなので、韓国ファッションなどお手頃価格のお洋服を、毎シーズン数アイテムは購入し、身に着けるとお洒落度UP。

誰かに褒められるだけでなく、その新鮮さから、自分自身も若返り☆

D　大人女子力度 0点

大切に大切に着ても、擦り切れてくるのが、形あるものの運命（涙）清潔はもちろんお洒落の基本ですが、なにせ肉体がビンテージな大人女子、たまにはニューアイテムを購入しましょう！

PART2 美

大人女子力
入門編

ヘアスタイルはどうしてる？

A	B	C	D
どうせひっ詰めているので伸ばしっぱなし	面倒だから短くカットしちゃった☆	セットが面倒なので、パーマあてたw	扱いやすく、見栄えがいいようにカットしてもらっている

Q2の解説

A 大人女子力度 0点

大人女子が陥りがちな状況ですが、ヘアゴムを取った時そこにいるのは、落ち武者?! たまにはプロの鋏を入れてもらわないと、貞子にもなりかねません。ボリュームも減ってくるので、シャギーなどを入れて、ふわりとさせるカットを。

B 大人女子力度 1点

これも、大人女子が陥りがちなツボです、はい。

外国人風のお顔立ちとスタイルならカッコいいショートヘアも、童顔で小柄な東洋人がすると、大人女子なのに小学生ふうに!! 子どもがえりしていては、大人女子失格ですね。

C 大人女子力度 -3点

いつ、何歳で人はオバサンパーマをあてるのか?! これは、日本「大人女子協会」、永遠のテーマｗメンドクサイからってオバサンパーマをあてる。それは、骨盤底筋を鍛えずしてオムツをはいちゃうのと同じです!

D 大人女子力度 5点

♥

正解です☆　素敵★大人女子として、三ヵ月に一度はヘアサロンに行き、伸びたぶんぐらいはカットしてもらいましょう。

いい美容師さんに出会えれば、扱いやすく、トレンドの風も吹かせてもらえるので、若返り効果も大

PART2 美

大人女子力
入門編

Q3

メイクアップ、貴女はどうしてる？

A	メンドクサイので、メイクはしていません
B	若い頃と同じメイクでバブリーな雰囲気を☆
C	お肌の変化に合わせてメイクアップ用品を更新
D	雑誌でトレンドメイクを学習し、取り入れる

Q3 の 解 説

A 大人女子力度 0点

年とともに、顔が薄くなってきます（涙）すっぴんは、印象が薄くなるだけではなく、周囲を寂しい気持ちにさせてしまいます。**明るい肌色を作り、明るい顔を描くのは、大人女子のマナーです☆**

C 大人女子力度 5点

四十代以降、お肌の変化が著しいので、それに合わせて、メイクアップ用品を更新すべきです。お化粧の乗りが悪くなったと嘆くより、今の自分に合うファンデーションやメイク用品をゲットし、前向きに進みましょう！

B 大人女子力度 1点

メイクをしないよりはマシですが、メイクは時代を映し出す鏡。昔のままのメイクでは、古臭い印象を与えてしまいます。若かりし頃とはお顔立ちも変わってきていますので、今の自分に合った、今風のメイクを。

D 大人女子力度 1点

研究熱心なのは素晴らしいのですが、素人が雑誌のマニュアル通りにやっても、失敗する確率が高いのが難点。デパートの化粧品カウンターなどでプロの人にメイクしてもらい、それを参考にして実践するのがオススメ☆

PART 2 美

大人女子力
入門編

爪のお洒落、貴女の場合は？

A	B	C	D
もちろんネイルサロンに通ってますよ	ホームジェルで自力ネイル☆	フツーにネイルカラーを塗ってます♡	メンドクサイのでそのまま放置

Q4の解説

C 大人女子力度 1点

何も塗らないよりはマシですが、普通のネイルカラーは乾くのに時間がかかり、速乾ネイルカラーはすぐ剥げてしまいます。大人女子の幸せ感が著しく削がれるので、ホームジェルネイル☆デビューをオススメします。

A 大人女子力度 3点

もちろん経済的・時間的余裕があれば、プロの手にまかせると素敵☆ **肉体がビンテージでも、ネイルが完璧なら、輝きが違います。** ただ、続くかどうかが問題。剥げたまま、次回予約まで我慢するのは辛いものがあります。

D 大人女子力度 0点

確かにメンドクサイかもしれません。でも、**年齢を重ねると爪も乾いて壊れやすくなり、輝きも失われてきます。** 何か塗っておいたほうが保護されて欠けにくく、周囲にもキレイな印象を与えてくれるので、みんながハッピーに。

B 大人女子力度 5点

今では簡単にホームジェルネイルキットがネットで購入でき、自分でできます。ジェルネイルは爪が薄く壊れやすい人にも◎。爪を保護してくれるし、剥げたり欠けたりしたらすぐ補修できるので、キレイをキープできます！

68

PART 2 美

大人女子力入門編

お履き物の問題です！

A 歩きやすい靴を選ぶようにしています

B 外反母趾でもハイヒールはやめない派

C ウォーキングシューズとお洒落履きを分ける

D 健康サンダル、スニーカー派

Q5 の 解 説

A　大人女子力度 1点

足が痛くならない、歩きやすい靴を選んでいる貴女は、健康大人女子力高し。でも、**デザインもちょっと気にしてみて**。歩きやすく、軽い靴は、往々にしてオバチャンっぽいデザインのものが多いもの。

B　大人女子力度 3点

ある意味、真のマダムと言えるでしょう。でも、年とともに足底痛が出てきて、外反母趾も深刻な問題に。痛みのない足で死ぬまで歩きたいものです。**ハイヒールをローヒールにするだけで、だいぶ楽になれますよ**。

C　大人女子力度 5点

ウォーキングシューズは、デザインがいまいちなものが多いけど、**足のアーチを作ってくれる「MBT」は、コアトレもできるのでオススメ**。お洒落用の靴とは別に、たくさん歩く日はウォーキングシューズが○。

D　大人女子力度 2点

ビルケンシュトックなどの健康サンダルやスニーカーを履く貴女は健康女子力高し。でも、**たまにはお洒落靴を履いてみて**。あまり歩かないお出かけ時には、華奢でキレイなお履き物で大人女子力UP☆

※マサイ・ベアフット・テクノロジーの略。マサイ族が裸足で歩く足の構造をつくるとされるウォーキングシューズ。

PART2 美

大人女子力入門編

目に見えないお洒落、それは下着……どうしてる？

A	B	C	D
グンゼ☆ 肌色のババシャツ派w	ユニクロのインナー派	お洒落矯正下着です☆	楽チン下着とお洒落下着のダブル使い

Q6 の 解 説

A　大人女子力度 0 点

肌色のババシャツは、どう見ても素敵じゃありませんw。

ただし、グンゼが大人女子用に開発した「キレイラボ※」のラインは、肌色以外のカラーも出ていて、楽な上に多少wお洒落。快適かつお洒落を追求してみて♥

C　大人女子力度 2 点

昨今、矯正下着もお洒落なものが多く、着心地もよくなっています。お胸が大きい方などは、矯正下着やナイトブラを使用する必要があるでしょう。が、**体型は自力で、運動によりキープするのが、大人女子としては○。**

B　大人女子力度 3 点

ユニクロのブラトップは、安いうえに快適。四十代以降の大人女子にはオススメです。カラーも色々あり、チラ見えしてもコーディネイトに使える柄物も。パンティもシームレスのものが出ていて、痒みも出ず快適♥

D　大人女子力度 5 点

下着も、家用、外出時用と着替えるとお洒落度UP！

お風呂上りから出かけるまでは洗いざらしのふんどしパンツw、外出時はお洒落下着に穿き替えるぐらいのメリハリがあったほうが、大人女子力はアップします☆

※縫い目がなく、皮膚を刺激しない下着。

PART 2 美

大人女子力
入門編

ムダ毛と角質ケア、してる？

D	C	B	A
気が付いた時にケアしています☆	プロの手にまかせています♥	踵と肘は結構ざらざらしていますw	まったくしてませんw

Q7 の 解 説

A 大人女子力度 0点

体毛が薄い方はOK。ケアしなくても濃い方でも、年とともに体毛は薄くなってきます。でも、長く放置していると、ヒゲや鼻毛が生えていたり、眉毛がボーボーだったり、脇や手足にちょろ毛が生えていたり……たまにはケアしましょう。

C 大人女子力度 3点

経済的、時間的に余裕がある方なら、エステやマッサージサロンで提供される「角質取り」、理容店での「お顔剃り」を利用するのも手。ただ、続けられるかが問題なので、**自力でケアするのがやはりよいで**しょう。

B 大人女子力度 0点

わかっちゃいるけどメンドクサくてなんもしてない。それでは、大人女子として失格です。お風呂で簡単にできるスクラブなどを利用して、一、二週間に一度は角質ケアしましょう。

D 大人女子力度 4点

気が付いた時に、というのが減点ポイント。本当は、気が付く前に、定期的にお手入れしたいもの。年齢とともにメンドクササが増し、ほっときがちになってしまうセルフケア。**自分を愛する気持ちを高めて頑張りましょう**☆

PART 2 美

大人女子力 入門編

シャンプーや石鹸について

A　オーガニックのローズソープで全身洗っています☆

B　ボディソープで体、顔は洗顔フォーム派

C　髪、顔、体全て「コールドプロセス石鹸」♥

D　髪はサロンのシャンプー、顔と体は自然派

Q8 の 解 説

A 大人女子力度 3点

※1 オーガニックのローズソープで髪の毛、顔、全身を洗って、体臭や痒みなど色々な問題が解決したという話を聞きましたが、いかんせん、三万円以上するものを使い続けられるかが問題。経済的余裕がある方のみの正解です☆

C 大人女子力度 3点

コールドプロセス石鹸で髪まで洗い、酢でリンス♥ 自然派を極める貴女は健康大人女子力高し！でも、大人女子にとっては香りや使用感も大切な癒し。油分を取り過ぎないコールドプロセス石鹸は、洗顔だけに使用してみてはいかが？

※2

B 大人女子力度 1点

ダヴ等の潤い成分入りのボディソープで体、顔は洗顔フォームという方が多いのではないでしょうか。ただ、シャンプーも含め、大量生産の商品は洗浄力が強過ぎて、大人女子にはNG。

D 大人女子力度 5点

洗浄力の強過ぎない、地肌ケア、育毛成分入りのサロンシャンプーを使って、ふんわりした髪をキープ！ボディシャンプーはドクターブロナーやマルセイユ石鹸など自然派で。顔はコールドプロセス石鹸でTゾーンだけ洗顔。

※3

※1．オーガニックで育てたローズの花を使用した石鹸。
※2．低温熟成で肌に刺激のない石鹸。
※3．ミネラル豊富な欧米でもっとも使用されている石鹸。

PART2 美

大人女子力
入門編

入浴剤、貴女はどうしてる？

A 「エプソムソルト」でセレブ入浴☆

B 「バブ」などの炭酸入浴剤派

C 手作りバスソルト派

D バスクリンや、温泉のもと派

Q9の解説

A 大人女子力度 3点

ハリウッドセレブ御用達で有名になった「エプソムソルト*」入浴。今ではネットでエッセンシャルオイル入りのものも安く売られているので、使わない手はありません。発汗を促し、マグネシウムも吸収☆ 骨を強くしてくれます。

C 大人女子力度 3点

よもぎやハーブ入りの手作りバスソルト、手間はかかるけどそれだけに満足感が違います。温泉効果も得られる「ヒマラヤブラックソルト」は、硫黄の香りが苦手でなかったら、美肌効果もあって一挙両得☆ たまのご褒美に♥

B 大人女子力度 2点

炭酸十倍の「バブ メディキュア」は大人女子向け！ ポンと投げ込める手軽さも◯。お値うちな価格も魅力です！ 特に疲れがたまった時、今日は冷えたな〜という時のお助け入浴剤！

D 大人女子力度 1点

バスクリンや温泉のもとも楽しいですよね！ また、プレゼントにもらったバスボムや、いろんな入浴剤。たまには色々楽しんで、気分UP。でも、毎日自分が使う入浴剤は、吟味して使い続けるのが「素敵★大人女子」(^^)/

※ミネラル豊富な欧米でもっとも使用されている入浴剤。

PART2 美

大人女子力
入門編

アロマテラピーしてますか？

A	B	C	D
アロマテラピーって家でできるの？	当然、冬場はティートゥリーオイル常備☆	更年期に使い始めました♡	たまにサロンで♡

Q10 の解説

A　大人女子力度 0 点

「アロマテラピー入門」などの本を参考に、おうちでできます。アロマテラピストの資格を取らなくても、自分と家族のホームドクターとして、また、心身の健康度、美容度アップのために、アロマテラピーはオススメ♡

B　大人女子力度 5 点

抗菌作用が強く、免疫力を高めてくれるティートゥリーオイル、冬場はどの家庭にも常備すべきです。家族の誰かが風邪を引いたら、アロマポッドでティートゥリーを焚き、空気中のウィルスを除去☆

C　大人女子力度 3 点

更年期対策にもアロマテラピーは有効です。至福感を高めるローズ、オレンジなど馴染のある香りから、ジャスミン、イランイランなど、更年期にこそいい香りに感じられるエッセンシャルオイルもあります。ボディオイルなどに混ぜても◎。

D　大人女子力度 2 点

たまにはサロンで、プロのアロマテラピストの手に委ねるのも◎。でも、基礎知識ぐらいは身に付けて、自分でいろいろな症状に対してエッセンシャルオイル使いで対症できるようになると、素敵★大人女子力アップ！

PART2 美
入門編

大人女子の美は「バランス」

年齢を重ねるにつれ、美の知識もレベルアップさせましょう。今のレベルはこちら。

0〜15点…今のままだとオバサン街道まっしぐら！

16〜30点…ふだんから美に対する意識を強めていきましょう

31〜40点…美容もお洒落もかなりのレベル！　大人女子として優秀です！

41点以上…さすが！　これからもその美に磨きをかけてください♡

年齢を重ねると、ファッションには興味がなくなってきます。

女性ホルモンとお洒落したい欲は、同じグラフラインを描くのです。

でも、女ですもの、何歳になっても、キレイで可愛くいたいものかといって、何歳になってもばりばりトレンディなのは痛いですよね❤

「素敵★大人女子」を目指す貴女は、「美」もバランスの良さを意識したいものです。

年齢を重ねれば重ねるほど、「美」も「健康」の上に成り立っていきます。PART1の「健康」でも言いましたが、やり過ぎは良くないのです。

「ほどほど」のところが一番お洒落で、人から見ても安心、自分も楽しめます（笑）

大人女子講座　PART2　美

中〜上級編

「素敵★大人女子」になるため、
「美」は「健康」の上に成り立っている
ということを肝に銘じてください(^^♪

痛いところ、痒いところをなくし、
いつも健やかでいるため、日々の小さなケアを怠らない。
はつらつと美しくあるために
たびたび再検証、再学習することが大切です。

P103で今の貴女の〈PART 2 美・中〜上級編〉レベルをチェック！

PART2 美

大人女子力
中〜上級編

Q1

唇の乾燥に一番いいリップクリームは？

A　お高いブランドのリップクリーム♥

B　輸入物コスメブランドの缶入りリップクリーム

C　ワセリン。安いし……

D　普通のリップクリーム

Q1の解説

C 大人女子力度 5点

口角炎治療に皮膚科医が処方するのも、実は「ワセリン」。ワセリンは荒れた唇に染み込まず、ただ保護をしてくれるので、しみない、痛くない、結果、何よりも早く、唇の荒れが治るのです。ふだんのお手入れもこれに同じ。コストパフォーマンスも◯。

A 大人女子力度 0点

お高いから、ブランドコスメだから良い、という価値観は、大人女子としては×。本物を知る大人として、ブランド志向は捨てましょう！高いからいい、という価値観も素敵じゃありませんw

D 大人女子力度 3点

ドラッグストアで売られている安いスティック状のリップクリームでじゅうぶん、と考える貴女は質実剛健☆ 出先では指先が不衛生なので、スティック状かチューブタイプのリップクリームが◯。

B 大人女子力度 1点

可愛い、カッコいい、香りが素敵、という意味では、こういうものを選ぶ貴女はお洒落さん♥ でも、大人女子の深刻な唇の乾燥には、海外ブランドのリップクリームは、ちょっと刺激が強いものも……。

PART2 美

大人女子力
中〜上級編

喉痛い！風邪？ その対処法

A	市販の風邪薬とうがい薬、&トローチで！
B	塩水でうがい&「プロポリスキャンディ」
C	「エキネシア」と「ティートゥリーオイル」が定番♥
D	加湿器、マスクをつけ、生姜湯を飲んで寝る

Q2 の解説

A　大人女子力度 1点

風邪薬、テレビCMを見るとつい買っちゃいたくなりますよねw。でも、新薬より自然薬を選ぶのが「素敵★大人女子」。食生活でオーガニックを心がけているなら、市販の風邪薬やうがい薬、トローチは卒業しているはずです。

B　大人女子力度 3点

水道水でのうがい手洗いが日常の風邪予防なら、喉が痛い時は海塩を溶かした殺菌作用の高い水道水でうがい。プラス、抗菌作用の強い「プロポリスキャンディ」で喉を癒しましょう。「マヌカハニーキャンディ」も美味しく抗菌作用が強いので○。

C　大人女子力度 5点

天然の抗生物質と言われている「エキネシア」。ハーブティーより、チンキが効くので、ネットで購入して冷蔵庫に備えれば憂いなし！ ティートゥリーのエッセンシャルオイルも、アロマポッドで焚くと、抗菌作用だけでなく、免疫力も高めてくれます。

D　大人女子力度 3点

喉が痛い時は、とにかく加湿。マスクも、外出時だけでなく、家でも就寝時に着用すると、自分の息で加湿してくれるので○。また、生姜湯は抗菌作用だけでなく体も温めてくれます。葛湯もオススメ♡ そして、一番効く風邪薬は、とにかく寝ること！

※生薬をエチルアルコールや水との混液で侵出して作った液剤。

PART 2 美

大人女子力
中〜上級編

妙な汗をかくけど、これって更年期?!

A	ホットフラッシュ対策は漢方とサプリで☆
B	冷え性なので、ホットフラッシュとは無縁☆
C	まだ四十代なので、更年期じゃないです
D	がっつりホルモン充填療法に走ります☆

Q3の解説

A 大人女子力度 5点

更年期対策は漢方薬とサプリが正解！まだ生理がある人は「桂枝茯苓丸」、閉経を迎えた方は「加味逍遙散」「六味地黄丸」を合わせて♥ プラス、「レッドクローバー」など女性ホルモン様のパワーをうながすサプリで快適◎

C 大人女子力度 0点

四十代は、プレ更年期が始まっています。ホルモン検査でまだ女性ホルモンが正常値でも、心身にいろいろな変化が出てきているはずです。更年期なんてまだまだ、とタカをくくっていると、とんでもないことに。早めの対策が必要です。

B 大人女子力度 0点

冷え性の方は更年期渦中、むくみや頭痛、肩こり、めまいなどの症状で悩まされます。「温活」で冷え取り、適度な運動により心身を温めていきましょう。冷え性用の更年期漢方は「当帰芍薬散」が◎。市販の更年期薬に入っているので試してみて☆

D 大人女子力度 1点

腫瘍や良性腫瘍がない方なら、ホルモン充填療法もできるかもしれませんが、まず検査することと、使用後も定期検診が必要です。性ホルモン充填は腫瘍も育ててしまうので、リスク回避をしたいなら、漢方など自然療法を選んだほうがベターとされています。

※1. 桂枝茯苓丸（ケイシブクリョウガン）：うっ血や血行障害改善。
※2. 加味逍遙散（カミショウヨウサン）：のぼせ、肩こり、イライラ改善。
※3. 六味地黄丸（ロクミジオウガン）：足腰の痛みやしびれ、頻尿、痒み改善。
※4. 当帰芍薬散（トウキシャクヤクサン）：虚弱体質、冷え性、疲労感の改善。

PART2 美

大人女子力
中〜上級編

頻尿や尿漏れが気になってきた？

A	気になった時期はありましたが、克服しました☆
B	ええもう、尿漏れパットはかかせません(汗)
C	骨盤底筋運動をしているので大丈夫です☆
D	流行りのフェミニンケアで治っちゃったぁ♥

Q4の解説

A 大人女子力度 5点

妊娠中や出産後、子宮筋腫が大きい、卵巣嚢腫が腫れているなどの時は、膀胱も押されるので頻尿や尿漏れが起きやすいとされています。それらは治療後、徐々に改善していくはずですが、**特に出産後は伸びきった筋肉を戻すのに、骨盤底筋運動が必要です。**

C 大人女子力度 5点

骨盤底筋運動は、「素敵★大人女子」のお約束♥

いわゆる普通の骨盤底筋運動を日々行っている貴女は、「私は絶対に漏らさない」という、強い意志の持ち主。さらに「ベリーダンス健康法」で踊りの中にそれを取り入れると、もっと素敵ですよ☆

B 大人女子力度 0点

一時的に、尿漏れパットを付けて対処するのはいいのですが、ほうっておくとやがてはオムツをはくことになります。

特に閉経後は女性ホルモンの減少で、筋量が激減するので、骨盤底筋運動で克服しましょう☆

D 大人女子力度 2点

膣ケア、性器ケアが流行っていますが、「素敵★大人女子」はいたしません。そういった行為は、性的欲求に従って、しかるべき年齢で、自然に任せてするものです。アンチエイジングのためとはいえ、秘密の花園をいじってはいけません。

PART 2 美

大人女子力
中〜上級編

歯の噛みしめが気になってきた？

- A 気になってるけど何もしてない
- B 気になった時期はありましたが、克服しました☆
- C 顎関節マッサージをしているので大丈夫です☆
- D 就寝時のツール（マウスピース等）はかかせません（汗）

Q5の解説

A 大人女子力度 0点

歯の噛みしめはほうっておくと、そのうち痛みや、違和感、奥歯の詰め物が外れるなどの問題が起こってきます。早めに対処して心地よいお口を保ちましょう。
歯医者さんに行って相談し、定期的なデンタルチェックを。

C 大人女子力度 5点

噛みしめが強い方の顎は、凝っているので、触ればわかります。仕事中や寝る前、洗顔あとなど、自分の指で少し強めにマッサージしてあげましょう。ときどき口から「はー」っと息を吐き、体の力を抜くエクササイズも大切です。

B 大人女子力度 5点

年とともに体の癖が強くなるので、無意識にしている噛みしめも強くなります。奥歯がすり減って知覚過敏になったり、詰め物が外れたり……。
歯医者さんで治療と咬合調整してもらい、自分でも意識して噛みしめないようにしましょう。

D 大人女子力度 1点

噛みしめは、仕事や家事や作業、集中している時に無意識にしているので、「歯を噛みしめていませんか?」とポストイットに書いて、作業中、目につくところに貼っておくことで改善します。マウスピース等をして寝るのは、素敵★大人女子としてはNG。

PART 2
美

大人女子力
中〜上級編

一日どれぐらい、微笑んでますか？

A 接客業なので、仕事中はずっと

B 人に会った時など、一瞬愛想笑い（汗）

C 誰かといる時。だから、数時間？

D リフトアップのため、一日中☆

Q6 の 解 説

A　大人女子力度 4点

人のお顔は形状記憶合金がごとく、いつもしている表情が染みついてきます。だから接客業は素晴らしい職業なのですが、「仕事だから仕方ない」と思っていませんか？ オフの時も微笑み続けられるよう、楽しいことだけを考えましょう☆

C　大人女子力度 3点

誰かといて楽しい時、自然な微笑みが出るのは、出ないよりましですが、一人でいる時も常に微笑んでいましょう。
それが「素敵★大人女子」。楽しい時には百倍の輝きを持って、微笑むことができるようになりますよ♡

B　大人女子力度 0点

愛想笑いもしないよりしたほうがマシです。顔の筋肉は、年齢とともに動かしてないと動きづらくなります。とっさの時、不自然な笑いにならないよう、必要ない時でも微笑んでいましょう。

D　大人女子力度 5点

正解です☆　大人女子は、微笑んでいないと、暗い顔になってしまいます。また、常に口角を上げていないと、お顔は垂れる一方です。
「素敵★大人女子」として生きるには、気を抜かずに、寝る時以外、常に微笑んでいましょう。

PART2 美

大人女子力
中〜上級編

膝、手首などの関節の痛み、どうしてる？

A	B	C	D
「ボルタレン」などの鎮痛塗り薬で☆	手首・足首回し&ブルブル運動で克服	整体や鍼灸治療に行きます	立ち方と座り方を調整して改善☆

Q7 の解説

C 大人女子力度 3点

どうしようもない痛みがある際は、病院に行ってまず検査。からだの整体や鍼灸、治療家の手に委ねるべきですが、**毎日のセルフケアで関節の痛みを予防し、健やかに過ごせることも学びましょう**。足マッサージや関節裏マッサージも有効です。

A 大人女子力度 0点

耐えきれない痛みに対して、一時的に使うのが鎮痛剤。慢性的に痛みがあるのをほうっておくのもよくないので、**痛みを根本から治す努力をするのが「素敵★大人女子」**。病院で見捨てられた痛みを、ピラティスなどの運動により克服したケースも。

D 大人女子力度 5点

足に対して膝が内側に入っていたり、横座りで長時間テレビを見ていたりすると、膝関節の不具合が発生します。毎日無意識にしている「姿勢」を検証して、痛みがどのライフスタイルからきているのか突き止め、**正しい姿勢で痛みを改善しましょう☆**

B 大人女子力度 5点

手首・足首回し&ブルブル運動は、五十代になったら毎日のお約束♥ とにかく関節が固まるので、ほぐして揺らして関節の痛みを予防☆ 寝ている間にも体は固まるので、毎朝おふとんの中で手首・足首回しをしてから起きましょう。

PART2 美

大人女子力
中〜上級編

突然の片頭痛、めまいの対処法は？

A	医者に行きます☆
B	頭痛薬を飲んで様子をみます
C	とにかく休んで治します
D	ヒーラー（治療者）の遠隔治療で♡

Q8の解説

A　大人女子力度 2点

四十を過ぎたあたりから、無理をすると片頭痛やめまいに襲われがち。**特に春と秋、季節の変わり目は自律神経が乱れやすくなるので、要注意**。クリニックで処方される漢方薬や頭痛薬では治らないことがあるかもしれませんが、安心材料として受診しても◎。

B　大人女子力度 0点

頭が痛いと頭痛薬、おなかが痛いと胃薬と、お薬に頼っていては、健康にはなれません。症状が起こるのは体の悲鳴。たいていの不調は休むことで改善されるので、仕事を減らす、よく寝る、消化に良いものをほどほどに食べるなど、ライフスタイルを改善して。

C　大人女子力度 5点

若い頃から突っ走ってきた人も、疲れが出てくる四十代。片頭痛やめまいも、軽いものなら三日も休めば治ることが多いもの。「自宅入院」と心に決めて、なにもしない療養期間を、勇気をもって持ちましょう。それでも症状の改善がなかったら即、病院へ。

D　大人女子力度 1点

私も、ヒーラーに頼ってきた過去をもつのでわかりますが、**他力本願では真の健康は得られません。「自分を癒す最高の医師は自分」という言葉を肝に銘じてください**。深刻な症状は、病院での検査、治療が必要ですが、不定愁訴は自力で解決♡

PART2
美

大人女子力
中～上級編

化粧品のお金のかけどころは？

A 基礎化粧品は安価、ファンデーションは高級☆

B 話題の「繊維芽細胞入り化粧品」で♡

C 基礎化粧品にこそお金をかける！

D 基礎もファンデーションもブランド志向☆

Q9 の 解 説

A 大人女子力度 5点

基礎化粧品、実は、水に近ければ近いほど、皮膚トラブルが起きないという説もあるぐらい。今や安価でも、質のいいものはたくさん売られているので、それでじゅうぶんです。逆にファンデーション等は、エイジング用の機能が日進月歩でスゴイから試してみて。

C 大人女子力度 2点

化粧品は気分も大切なので、プラシーボ効果で、「高いからこそ効果がある」と思う人は○。私も取材で何種類か十万円クリームも使ってみましたが、肌はあんまり変わらなかったのが事実。それより、ゼラチンを毎日飲んだほうがお肌モチモチに♥（個人の感想ですw）

B 大人女子力度 0点

最先端コスメで話題の線維芽細胞。ネットワークビジネス（ネズミ講）で売られているものもあるので、お気をつけあそばせ。何万円もするものを一生続けられるわけがないので、知らないうちにネズミの仲間になってしまいます。「素敵★大人女子」としては失格。

D 大人女子力度 3点

デパートの化粧品カウンターで勧められるがまま、基礎からファンデーション等まで買ってしまうのでは、「素敵★大人女子」としては失格。化粧品カウンターは、販売員が暇な午前中か平日に赴き、タダでメイクを教わって、必要なものだけ買うのが○。

PART2 美

大人女子力
中〜上級編

あなたは「スマホッ首」ですか？

A	まさかでしょw
B	はい、「スマホッ首」です（汗）
C	スマホ持ってませんから
D	「スマホッ首」ってなに？

Q10 の 解 説

A 大人女子力度 5点

現代病と言われる「スマホッ首※」。ご自身の「美」と「健康」、そして「幸せ感」重視で生きておられる「素敵★大人女子」におかれましては、とっくに対処し、予防しているはずです。スマホを見る時も、立って目線より上にあげてますよね？

C 大人女子力度 1点

「美」と「健康」のため意識的にスマホを持たないのか、それとも、ご自身がガラケーをお使いなのか？ びつみょ～なところです。もはやパソコンも開かない人の増えたこの時代に、通信手段としてのスマホ。高齢者用の簡単スマホからデビューしてみては？

B 大人女子力度 0点

開き直ってどうする?! 開き直りは、オバサンの始まりですW スマホの見過ぎは、姿勢を悪くし、肩こり、眼精疲労を増長します。細かい字に焦点を合わせることで眉間に皺が寄り、斜め下を見続けることでお顔も垂れてしまいます。

D 大人女子力度 0点

情報過多の時代に、スマホッ首も知らない貴女は、絶滅危惧種（涙）不必要な情報に振り回されないよう、アンテナは張り過ぎないように気を付けるべきですが、「健康」、「美」、「幸せ感」に関する情報には、アンテナおっ立てといて♥

※首の骨の緩やかなカーブが失われた「ストレートネック」のこと。

PART2 美
中〜上級編

大人女子の美は内側も重要

さて、貴女の心と体は何点だったでしょうか?! 今のレベルはこちら。

0〜15点…今のままだと内面がオバサン! やがてオバアサンに!

16〜30点…外見の美ばかり追っていませんか?

31〜40点…美と内面の両方を追求する貴女はかなりのレベル!

41点以上…協会認定「大人女子ライフスタイルアドバイザー」を目指しましょう

大人女子として優秀です! 見た目の「美」だけにとどまらず、内側から輝くような美しさを身に付ける。それが、「素敵★大人女子」への道。

ライフスタイル全般が「素敵」に「健康的」であること。

それには「心構え」も大切です。「幸せ感」の章でくわしく触れますが、「美しく生きる」ためには、価値観を変えることも大切なのです。

大人女子の美しさ、それは、「見た目」だけでは語れないものがあるのです。

PART 2
美

自分を愛しましょう

　若かりし頃は、形がすべてだったかもしれません。

　でも、アラフォー、アラフィフともなると、形より「雰囲気」勝ちする時代に突入したと言っても過言ではないのではないでしょうか？

　上手に年を重ねていくには、高い「IQ」が必要だとも言われています。いや、IQなんか低くても、きちんと心身の健康「知識」を身に付けて、「美しく」生きるように「実践」していけば、誰だって「素敵★大人女子」になれるのです。

　貴女は、自分のお顔と体が好きですか？

　半世紀近く、いやそれ以上生きてきて、いまだに、自分の魂の「宮殿」であるこの肉体を、愛せないなんてもったいない！

　一生懸命、大切にしてあげて、気をつかい、手をかけてあげれば、お顔も体も、何歳になっても心地よく、輝いてくれますよ♡

大人女子講座
PART 3

幸せ感

大人女子力

大人女子講座　PART3　幸せ感

入門編

ここでは、「心」が「肉体」と「現象」にもたらす力が、
大きいことを知りましょう☆

そもそも、宇宙の最初に「思い」があり、全てが生まれました。

この地球上の生きとし生けるものも、
形になる前は全て「思い」から発生しているのです。

ちと哲学的ですがw　幸せは、
自分で創造するのが「素敵★大人女子」。

さあ、始めましょう！

P127で今の貴女の〈PART 3 幸せ感・入門編〉レベルをチェック！

PART3 幸せ感

大人女子力 入門編

Q1

「幸せ」の定義について述べよ

A 世間的に「幸せ」という条件を満たしていること

B 世間からなんと思われようが、自分が幸せなら幸せ

C 健康で、ごはんが美味しく、夜もよく眠れること

D 何歳になっても、うきうきワクワク生きられること

Q1 の 解 説

A　大人女子力度 1点

既婚で子どもあり、お金持ちの旦那がいても、家が代々のお金持ちでも、仕事で大成功してて、もう一生困らないぐらいのお金があっても、**心が病んでいては幸せではありません**。その場合は、「生きがい」の創造が必要です！

C　大人女子力度 3点

幸せとは条件ではなく、健康で、ごはんが美味しく、夜もよく眠れること。できたら体も心も痛いところはなく、日々穏やかに楽しく生活できること。年齢を重ねていく上では至難の業ですが、大人女子力を高めて頑張りましょう☆

B　大人女子力度 2点

世間からなんと思われようが、と、意地を張っていては幸せにはなれませんｗ　常識的な価値観に囚われてしまうのは人の常。**自分が幸せと思う、その上で人からも幸せと思われる**。その相乗効果で「幸せ感」はアップします♡

D　大人女子力度 5点

これは、故・小森※のおばちゃまが八十代でおっしゃっていた名言です。年とともにいろんなことに興味を失い、キラキラ感が失われがち。大人女子力をアップして、**好奇心の炎は、自分で焚きつけなければなりません**☆

※映画評論家でタレント。2005年1月に死去。

PART3 幸せ感
大人女子力 入門編

もし病気やケガ、その他で困ってしまったら

- A 全力で回復、解決に向かって手を尽くす！
- B いいお医者様や治療家に委ねるのが一番♥
- C 悩みごとを聞いてくれる友人、知人を頼る
- D どん底でも☆不幸中の幸いを楽しむ努力をする

Q2の解説

A　大人女子力度 5点

困った時こそ、人間の底力の発揮時。**病気やケガ以外のご不幸も、前向きな気持ちさえあれば解決できます。**全力で幸せを取り戻す決意をすること。大人女子力はそこからぐんぐんアップしていきます。

C　大人女子力度 1点

心ある大人女子の友人、知人に話すだけで、心は軽くなります。そしてその人が経験豊富だったら、助けにもなるでしょう。が、頼り過ぎはよくありません。依存心はほどほどに、**自力でなんとかしようとするのが大人女子**☆

B　大人女子力度 2点

自分が動けない状態の時は、いいお医者様、治療家の手に委ねるのが◎。でも少し回復してきたら、**自力でなんとかしようと試み、回復、解決に向かって行動するのが「素敵★大人女子」**♥

D　大人女子力度 5点

これこそが、大人女子力☆　悲しみや苦しみに浸り過ぎなければ、**その中でも楽しさや喜び、希望を見出せます。**楽しむ気持ちさえ失わなければ、最悪の状況は切り抜けられます。運気を上げるのは、自分の気持ちなのです。

PART 3 幸せ感

大人女子力 入門編

大人女子の幸せ、どうやってつくる？

A 健康一番、休み休み頑張ります☆

B どこまで行けるか、自分を試す的な？

C 知識をできるだけ詰め込み、備える

D 自分を愛することから始めます♡

Q3の解説

A 大人女子力度 5点

三十代から、既に老化と疲れが出てきます。頑張り過ぎると、心身の健康を損ねてしまうことになりかねませんので、**休み休み頑張るのが正解**。不調を感じたら、ワークライフバランス(仕事と私生活の割合)の考え時です。

C 大人女子力度 1点

知識も大事ですが、知識だけで武装するのは、「素敵★大人女子」として失格。**体験を通して学ぶ知識こそが本物です**。頭でっかちにならず、大切なことだけを知り、柔らかくそこにいる。「素敵★大人女子」の在り方です♥

B 大人女子力度 2点

命を燃やす日々を送るのは、大人女子としても麗しいのですが、自分の限界を試してばかりいては、折れてしまいます。**体調と気分をよく観察しながら、楽しめる範囲で頑張りましょう**。

D 大人女子力度 3点

自分を愛することは、幸せの基本。ですが、日本女性には欠けている部分。セルフコンフィデントを高めることは、ワガママとか、自分勝手とは違います。自分に対する好意的評価、貴女も始めてみませんか?

PART 3 幸せ感
大人女子力 入門編

自己啓発セミナーの類について

A	B	C	D
怪しいから近寄らないようにしています	参加費が高ければ高いほど効果がありそう	手頃な価格で、自分を成功に導いてくれるなら	カリスマ講師がやっているセミナーなら本物☆

Q4 の解説

A　大人女子力度 5点

正解です☆　自己啓発セミナーの類は、全て「洗脳」なので、近寄らないほうがよいと思います。多くの人は不安と欲の間で揺れているので、そこにアクセスするよう、作られています。目的はお金儲けなのです。

B　大人女子力度 0点

まず、高いものほど素晴らしいという価値観を捨てましょう。ふだん、ケチケチしている人に限って、こういうところでお金を搾り取られてしまいます。悩んで弱っている時ほど、カモになりがちなので要注意！

C　大人女子力度 0点

手頃な価格、というのも人それぞれだと思いますが、一日六～八時間で三万円ほど、二日で七万円ぐらいの参加費が相場のようです。この人こそ自分を幸せに導いてくれそう、という魅力的な教祖様に洗脳されてしまいます。

D　大人女子力度 0点

自分を神格化して、カリスマティックに振る舞うのも、お金を取る手段です。ブランド志向、おすがり思考は捨て、貴女自身に自信を持ちましょう。自分のいいところを認めて、伸ばしてあげる。子育てと同じですよ～。

PART3
幸せ感

大人女子力
入門編

大人女子の会話について

A 本音で楽しく会話するのが一番！

B 相手を心配し、耳の痛いことも言う

C ワクワクするような未来を共有 ☆

D 人の噂話と、芸能人ゴシップ♥

Q5 の解説

A 大人女子力度 4点

心の浄化のため、感じたことや、思ったことを、本音で話せる同世代の仲間は、大人女子の宝☆ おしゃべりのために仲間づくりをするのが四十代以降大切になってきます。ただ、だらだらとお茶して話しているだけではNG。

C 大人女子力度 5点

正解です☆ 夢みたいなことばっかり言って、と、親に怒られてきた人ほど、楽しい人生を送っていたりしませんか? こんなことあったらいいな、と、素敵な未来を創造し、共有できる友だちと付き合いましょう!

B 大人女子力度 1点

相手のことを心配し、時に耳の痛いことを言うことは、時と場合によっては必要かもしれません。でも、自分の考えを人に押し付け、非難ばかりしていては、嫌われてしまいます。

D 大人女子力度 0点

確かに、女子は人の噂話も芸能人ゴシップも大好きです。が、それだけでは「素敵★大人女子」としては失格。よく観察してみてください。そういう話をしているときの女子って、意地わるそうな顔してませんか?

PART3 幸せ感
大人女子力 入門編

お金とは、なんだと思いますか？

A	一番大切なもの。大事に貯金します☆
B	お金もエネルギーなので、回します！
C	お金はあればあるほどいいと思う♥
D	お金の使い方で、その人がわかります

Q6の解説

A　大人女子力度 1点

コツコツと貯蓄して、肝心な時に心意気を発揮できるなら○。でも、肝心な時ですらケチケチして「舌も出さない」ようでは、人間として失格。お金だけを頼りに生きると、大切な人間関係や、温かい心を捨ててしまいます。

C　大人女子力度 2点

もちろん、ないよりあったほうがいいのですが、**その人が心地よい生活を送れるぐらいのお金がある**、というのが○。必要以上はいらないのです。お金は根が暗いので、余剰分は、寄付などに回しましょう。

B　大人女子力度 3点

金は天下の回りもの☆　エネルギーなので回すと返ってきます。ただ、どこに回すかが肝心。ただの遊興費や贅沢品にお金を使っていては、世のため人のため、ひいては自分のためにもなりません。

D　大人女子力度 5点

正解です☆　大人女子においては、お金の使い方でその人となりがわかってしまいます。お金は、あるなしにかかわらず、心意気を発揮するものなのです。**ケチケチ溜め込むより、新しい経験や、仲間づくりに使ったほうが幸せ**☆

PART3 幸せ感

大人女子力 入門編

パートナーについて

A 理想の関係を作るため、とことん話し合う

B 相手の要求にできる限りこたえる

C うまくいかなくなったら別れる

D 気持ちの良い距離をおいて付き合う

Q7 の解説

A　大人女子力度 3点

仕事上でも私生活でも、三十代ぐらいまでは、体力も気力もあるので、夜なべして話し合ってもいいかもしれません。が、四十代以降、お互い気力、体力が年々減っていくので、**話し合うより寝たほうが◯**。

B　大人女子力度 1点

パートナー歴も長くなると甘えが生じ、人はワガママになります。優しさからできる限り言うことを聞いてあげく、自分が壊れてしまっては元も子もありません。限度を知ったほうが、結果、相手のためにもなります。

C　大人女子力度 1点

仕事上の裏切り、家庭内暴力など、どうしようもない事情があるなら仕方のない別れですが、男女とも、年とともに頑固になったりキレたりするのは普通w　**人情を大切に、つかず離れず、いい関係を保ちましょう。**

D　大人女子力度 5点

正解です☆　若い頃は、愛し愛され、仲睦まじかった夫婦も親友も仕事上のパートナーも、年とともにギクシャクしてきます。そんな場合は、**気持ちの良い距離を置いて、「家族」として慈しみましょう。**

PART 3 幸せ感
大人女子力 入門編

貴女が「幸せ〜☆」と感じる時は？

A	たっぷり眠って心地よく目覚めた時
B	お日様さんさんの中で踊っている時
C	美味しいものを食べている時
D	欲しかったモノが手に入った時

Q8の解説

C 大人女子力度 **4**点	**A** 大人女子力度 **5**点

C

美味しいものを食べると、人は簡単に幸せになれます。でも、それだけが「幸せ実感」となると、食べ過ぎて太ってしまいますね。美と健康を保つためにも、食べたら体を動かしましょう！

A

年とともに睡眠の質が下がり、体のそこここが不調になってくるので、ぐっすり眠れて、心地よく目覚めることこそ、最高の「幸せ」。そのための努力は、日々厭わない覚悟を決めてください。

D 大人女子力度 **0**点	**B** 大人女子力度 **5**点

D

年齢とともに、モノにも執着しなくなるのが、人間として成熟している証拠です。私たちはやがて、肉体を離れるのですから。物理的なモノの所有より、生きていることそのものの幸せ感を味わいましょう。

B

一日二十分ほど陽の光に当たると、ビタミンDが生成され、骨が強くなります。また、日中太陽に当たると、夜メラトニンが生成され、ぐっすり眠れるようになります。
「ベリーダンス健康法」で心地よく踊ると、幸せ満点になりますよ☆

PART 3 幸せ感
大人女子力 入門編

大人女子のワークバランスは？

A フルタイムで定年まで働きます☆

B 生きがいになるような仕事を生涯☆

C 週三あるいは半日働き、あとは遊ぶ

D 楽しめる範囲で働きます☆

Q9の解説

C　大人女子力度 3点	**A　大人女子力度 3点**
生活費を稼ぐために週の半分働く、もしくはパートで半日働き、お小遣いを稼ぐのも素晴らしいことです。でも、あとの「遊び」が、ボランティアなりコミュニティの活動なり、社会の、誰かのためになる「仕事」なら、大人女子として◯。	やりがいのある仕事でかつ、お給料がよく、退職金がたくさんいただけるなら、定年まで働く価値があるでしょう。ただ、体や心が悲鳴を上げているなら、次の仕事を考えて、ワークバランスを取ったほうがいいです。
D　大人女子力度 4点	**B　大人女子力度 5点**
大人女子のワークバランスは、内容にかかわらず、「楽しめる範囲で」が正解☆　苦しくなっちゃうようなら、辞めたほうがいいです。なにより大切なのは、貴女の心身の健康。生きがいになる内容の仕事なら、マッチベター♥	生きがいになる仕事を持ち、生涯働く。これは、「素敵★大人女子」として理想の姿です。時間的には短くていいので、一生続けられる仕事を、今、見つけてください。それがあなた自身の心身の健康を保ちます。

PART3 幸せ感
大人女子力 入門編

Q10

人生楽しくちゃ、いけないの？

A	B	C	D
いけないと思います。真剣に生きないと×	いけなくありません！楽しくないと続かないし	我慢して頑張って、やっとご褒美がもらえます	楽しくやっている人を見るとムカつく〜

Q10 の 解 説

A　大人女子力度 0点

日本人は世界一ユーモアセンスのない人種で、微笑んでいる人が少なく、知らない人にはあまり微笑みかけません。

でも、悲しそうな顔、苦虫を噛み潰したような顔を見て、幸せになれる人はいませんよ。

C　大人女子力度 1点

人間、時には辛抱も必要です。が、ご褒美はバンバンあげていいのです。我慢ばかりしていると、老け込んでしまいますよ。

そして、楽しくやっている人を非難するようになります。非難はやがて、自分に返ってきます。

B　大人女子力度 5点

微笑んで、笑っている人がふざけているということはありません。楽しくするよう、努力しているのです。

特に大人女子は、ほうっておくと重力にまかせてお顔が垂れてきます。微笑みは、お顔のリフトアップにもつながります。

D　大人女子力度 0点

日本人の多くは、老後のために貯め込んで、オムツをして老人ホームに入ることを人生の目的にしています。だから、楽しくやっている人を見ると、ムカつくのです。

年をとっても楽しく生きる。これには努力が必要なのです。

PART3 幸せ感
入門編

大人女子の幸せは自力で

ということで、貴女の今の幸せ感度レベルはこちら。

0〜15点…不安でいっぱいの貴女。まずは自分を大切に！

16〜30点…周りの人の幸せを気にしすぎていませんか？

31〜40点…幸せについて、よく理解されていると思います。もっとわがままになっていいのでは？

41点以上…さすが！ 協会認定「大人女子ソムリエ」レベルです！

人の「幸せ」、その価値はそれぞれですが、確かに言えることは、人はこの世に生まれてきて、やがては天に戻っていくということです。

人の「幸せ感」を考えた時、ちとスピ系が入るのも、私たちがやがてこの肉体を離れ、スピリットとなるためです。

それまで住まわせてもらう「肉体」を大切に管理しつつ、大人女子は、残り何十年間かを、いかに生きるかを考えなければいけません。

「老後」のために貯えて「今」を楽しみ、やがてはオムツをして誰かのお世話になることを目指して生きるなんて、素敵じゃありませんよね？

パワフルな商業主義に洗脳されず、自力で幸せになる術を身に付ける。

それが、「素敵★大人女子」への道です。

大人女子講座　PART3　幸せ感

中〜上級編

私たち人間は、body（肉体）、mind（心）、soul（魂）で構成されています。この地球に生まれ、「肉体」を持って何十年もw生きてまいりました。

これからのウン十年、ここでのお役目を終えて、魂がまた宇宙に帰っていく準備をするのが、大人女子の「幸せ」につながるのです。

「老後」のことを考えて憂鬱に暮らすより、「今日が最後の日」と思って、最高の毎日を送る……そのための〝自分づくり〟を、さあ始めましょう☆

P149で今の貴女の〈PART3　幸せ感・中〜上級編〉レベルをチェック！

PART3 幸せ感

大人女子力
中〜上級編

Q1

全てのものに「命」があると思いますか？

A	B	C	D
動物と、虫ぐらいまでには命があると思います	野菜やお花、木などの「植物」にも命があります	モノ、環境に至るまで、全てのものに「命」はあります	唾液や腸内細菌など、微生物も大切な「命」です♡

Q1の解説

A　大人女子力度 0点

動くものだけに命があるわけではありません。日本人は古来、自然信仰でした。**八百万神(やおよろずのかみ)**といって、森羅万象、全てのものに神が宿ると信じていたのです。私たち日本人は、そのルーツに戻ると幸せ☆になれます。

B　大人女子力度 3点

穏やかで優しい貴女は、家庭菜園やガーデニングが得意☆　でもそこから、もっと深い世界に思いを馳せてみると、「**素敵★大人女子**」になれますよ。**植物の生命エネルギーをいただき、元気になる自分**を感じられるようになります。

C　大人女子力度 5点

正解です☆　なかなか意識できないことですが、**エネルギーは全てに巡っています**。日々生活する「空間」や、毎日使っている生活用品に至るまで。大切にキレイに使っていると、長生きしてくれるし、自分も元気になれます。

D　大人女子力度 5点

腸内細菌や微生物は、目に見えないので、意識しづらいのですが、健康と幸せ感を保つのに、重要な役割を担っている「命」です。**発酵食品や日本酒などの中にも、たくさんの「命」があると思うと、いただくのがありがたくなりますよね♥**

PART 3 幸せ感

大人女子力
中〜上級編

Q2

「気」についてお答えください☆

- A 気持ちの「気」、気合いの「気」です
- B 全ての目に見えないエネルギーのことです
- C 「気功」など、特別な人が操れるアレ
- D 肉体だけでなく、世の中全てに巡り巡ってくるもの

Q2の解説

A 大人女子力度 3点

正解です☆ でも、これだけではありません。世界各国でいろんな「気」に対する考え方がありますが、一般的な「気持ち」「気合い」以上に、私たちの中、そして周りには、**目に見えない「気」＝「エネルギー」が存在しているのです。**

C 大人女子力度 1点

間違いではないのですが、「気」を操れるのは、実は特別なことではありません。人間には本来、備わっている能力なのですが、目に見えるものだけを信じるようになってから、失ってしまいました。**再開発するのは可能です☆**

B 大人女子力度 5点

大正解☆ 電気や音など、ふだん意識しないものも、「気」＝「エネルギー」です。特に「音」は、目には見えないけど、とても大きなエネルギーを持っているので、発する**言葉には強い「波動」＝「現実に対する影響力がある」と言われています。**

D 大人女子力度 5点

大正解☆ その「場」の空間から「宇宙」に至るまで、「気」は巡っています。「宇宙」の大いなる「思い」から、全ての物質、生命は誕生したという説もあります。そしてまたそこへ帰っていく。**私たちの「魂」の正体は、エネルギーなのです。**

PART 3 幸せ感

大人女子力
中〜上級編

Q3

「引き寄せの法則」を信じますか?

- A あるような、ないような?
- B 100%ではないけど、ある
- C もちろん信じます☆
- D 聞いたことありません(汗っ)

Q3の解説

A　大人女子力度 2点

普通です。スピリチュアルなことは、まことしやかに囁かれれば囁かれるほど、にわかに信じられないのが現代人。

でも、自分と、周りで起こるいろいろな事象をゆっくり観察すると、この「宇宙の法則」は本当だったんだぁ！とわかります。

C　大人女子力度 5点

満点ですが、頭でわかっていることと、実際に起こっていることは、また別の話です。より良いものを引き寄せているかどうか、ご自分を冷静に観察して、幸せ体質になってくださいね♡　「素敵★大人女子」は、幸せ♥なんです☆

B　大人女子力度 4点

自分に引き寄せてしまうさまざまな事象。実は、潜在意識で引き寄せていることもあり、無意識のことまで面倒見切れないので100％ではないような感じがします。

でも、ここまでわかっている貴女なら、納得して現実を前向きに受け止められます。

D　大人女子力度 0点

スピリチュアルに興味がなくても、「引き寄せの法則」ぐらい聞いたことがないと「素敵★大人女子」失格（涙）自己啓発本を何十冊も読み、全部捨てた「ベテラン大人女子」もいます。知らないことと、知っていて、あえて忘れることは大違い。

PART3 幸せ感

大人女子力
中〜上級編

幸せの秘訣はなんだと思いますか？

A 愛のある生活を送ることです☆

B 素で付き合える仲間がいること♥

C 健康で日々、働けることです

D 生きがいを持つことです！

Q4 の解説

A　大人女子力度 3点

家族や親戚縁者、友人、男女関係だけでなく、**「素敵★大人女子」の「愛」は、「普遍的な愛」にシフトしていきたいもの**です。

人類愛、環境・動物保護に至るまで、「愛」を日々、社会や世界に向けて発信する。それが、貴女の幸せをつくっていきます。

C　大人女子力度 3点

健康で日々働ける☆　これこそ幸せの秘訣です。

でも、仕事内容に不満を持っていたり、ただ生活のために働くということなら、心が幸せではありません。これでいいのかな？と思ったら、金額や安定ではなく、本当にやりたい仕事を始める時期です。

B　大人女子力度 4点

本音で語り合える、素の自分を見せられる仲間づくりは、大人女子を孤独から救い、輝かせてくれます。**人の心身の健康にとって、コミュニティの活動は大切**。自分らしいコミュニティづくりをすると、「類友の法則」で仲間が集まってきますよ☆

D　大人女子力度 5点

正解です☆　人の心身の健康にとって「生きがい」がどれほど大切であるか、大人女子なら骨身に染みているはずです。

家族や子どもが生きがいであった方なら、「空の巣症候群」になる前に、**残りの人生を捧げる「生きがい」を探しましょう**♡

PART3 幸せ感

大人女子力
中〜上級編

健康的な生活、送れてますか？

A 睡眠負債、抱えてます (>_<)

B 忙しくて、いや忙しくなくても、運動は週一です！

C ええもう、ばっちりです☆

D 運動は嫌いなので、諦めています

Q5の解説

C　大人女子力度 5点 早寝早起き八時間睡眠、野菜多めの手作りの食事を三食ほどに、毎日小一時間の運動。これが、健康的な生活というものです。専業主婦や居職の方でも、日中は外出をしたり人に会うなどして、気分転換を図りましょう。	**A　大人女子力度 0点** 年を取れば取るほど睡眠は大切。一日七〜八時間は取るべきです。寝ている間に体が修復していくので、疲れが取れ、日々を快適に過ごせます。 だるいと心も幸せではありません。ぐっすり眠って、健やかに目覚めたあとは、誰でも幸せですからね☆
D　大人女子力度 0点 嫌いでも、運動をしないと日々衰えていくばかりです。三十代から老化は始まっています。辛い体で働き続けると、心も病んでしまいます。 運動嫌いでもできる運動、太極拳や「ベリーダンス健康法」、ヨガやピラティスを始めてみませんか？	**B　大人女子力度 1点** 週一でも運動しようとしている貴女は偉い！　だけど、本当は毎日小一時間の運動をしたいものです。時間を割いてでも運動をすると、体に活力が生まれ、仕事もはかどりますよ。なにより痩せてキレイになり、体調も良くなります。

PART3 幸せ感

大人女子力 中～上級編

肉体・精神・魂のバランス、取ってますか？

A	仕事が忙しくて、それどころじゃありません！
B	カラダとココロは何とか。魂までは、ちょっと……
C	え？ 健康管理は肉体だけじゃないの？
D	アファーメーション※で心も整えています☆

※「私は〇〇できる」など自分にとって肯定的な言葉をとなえること。

Q6 の解説

A 大人女子力度 0点

人は「肉体」「精神（心）」「魂」の三つでできています。このバランスがいいと、幸せになれます。どうしても今の仕事が好きで辞められないなら、通勤で歩く距離を増やすなどして、運動量を稼ぐ努力を。自分の「ゴキゲン管理」も忘れずに♥

C 大人女子力度 1点

頭や、心まで筋肉でできている貴女は、フィジカルエリート☆ それも素晴らしいことですが、年とともに、運動し過ぎで体を壊してしまいます。
精神活動（夢を果たすことなど）と、魂の管理（人様や世の中の役に立つことなど）もお願いしますね♡

B 大人女子力度 1点

肉体は、「魂」の宮殿。その管理人は貴女☆です。「**素敵★大人女子**」として生涯生きるには、自分の魂＝スピリットにも目を向けてみましょう。
常識や固定観念を外して、心から喜べることはなんなのか。そろそろ考えてみる時期ですよ♡

D 大人女子力度 5点

よい言葉を口に出して言うことで、ネガティブな自分を変えることができます。
人には「思い癖」というのがあり、言葉には「音」があるので、声に出してその振動で心を変えることができるのです。心の運動も、お忘れなく☆

PART 3 幸せ感
大人女子力 中〜上級編

Q7

「死んだら終わり」と思いますか？

A	いいえ、輪廻転生します☆
B	死んだら終わりに決まってるっしょ
C	輪廻転生は信じるけど、次は猫かな？
D	「カルマ（宿題）」を残すと、また繰り越し

Q7の解説

A 大人女子力度 5点

仏教的解釈だけではなく、魂はホントにまた生まれ変わって戻ってきます。宇宙に帰るとひとつの大きなエネルギーの塊（大生命）となり、また一つひとつの魂となって次の肉体に入ります。次の肉体に入るまでの休み時間は、魂的には五分と言われています。

C 大人女子力度 3点

残念ながら、いくら猫好きでも、人間はまた人間に生まれ変わってくるとか。目的は「魂」の成長のためなので、よりよい人間になるため、といってもいいでしょう。
残りの人生、何をせねばならないのか、それぞれが考える時期です。

B 大人女子力度 0点

輪廻転生を信じない貴女は、とっても現実的な人 即物的に生き、欲望を果たす人生もまたそれで良しですが、「素敵★大人女子」としては失格。
肉体はどんどん衰えていきますが、心と魂の成長は死ぬまで。そして、死んでからも続きます。

D 大人女子力度 3点

「カルマ」のことまで知る貴女は、そうとうのスピ系w でも、人生は修業だけじゃないんです。**肉体と五感を持ったことを喜び、楽しむのも「命」のセレブレーション**
歌い、踊り、おしゃべりして、笑って、美味しいものを食べ、楽しく過ごしましょう！

※魂の生まれ変わりや魂の成長など、詳しくお知りになりたい方は「ヒーリングワークス」村山祥子さんまで。
https://www.healing-works.com

PART 3 幸せ感

大人女子力 中～上級編

Q8

人の欲望は限りないと思いますか？

A	B	C	D
年とともに枯れてくるのが普通です	はい、死ぬまで物欲に走ります☆	俗世の欲は捨てないようにしています	心から欲しいものだけ追求します♡

Q8の解説

A 大人女子力度 4点

いろんな欲がありますが、女性ホルモンが激減する五十代から、自然に枯れてきます。でも、枯れ過ぎるとオバサンになってしまうので、ある程度、意識的に欲を持ったほうが○。「素敵★大人女子」になるには、キラキラ感を楽しむ気持ちを捨てないで♡

B 大人女子力度 0点

ヤング・アット・ハートな貴女♡「素敵★大人女子」としては失格です。若い子と同じようにギラギラしていては、疲れてしまいます。今の自分に合った、ちょうどいい生活を心がけましょう。

C 大人女子力度 3点

枯れてるのはわかっちゃいるけど、あえてアンチエイジングのために「俗世の欲」を捨てていないようにしている貴女は「素敵★大人女子」。

ただ、欲しいものの質を「俗」とは違う「自分なり」にすることで、「魂」の成長を促せます。

D 大人女子力度 5点

残りの人生、人は、心から欲しいものを追求すべきですが、それはブランド物や金銭、名声ではないはずです。

人の幸福感には「豊かさ」が必要で、豊かさには「人の役に立てた」「社会のためになった」という充足感こそ必要なのです。

PART 3 幸せ感
大人女子力 中〜上級編

「自分」を取り戻す儀式、持ってますか？

A	はい、お気に入りのカフェに一人で行きます☆
B	一人でヨガやリーチュアル（＝儀式）をします♡
C	そんな時間も余裕もありません！
D	一日の句読点を、いろいろ持っています

Q9 の 解 説

A 大人女子力度 3点

これもよい儀式ですが、お金と時間がかかるので、経済的・時間的余裕がある場合のみの選択です。あと、カフェがある都市部に住んでいる方のみ。

そして飽きもあるので、「儀式」はいろんなバリエーションを持って用意してくださいね。

B 大人女子力度 4点

大変な雑事や、家族のこと、いつまでも終わらない仕事……日常の忙しさに忙殺される中、三十分でもいいので、自分の体と呼吸、そして音楽に耳を傾ける時間を持ちましょう。

ヨガは「体」「心」「魂」を「結ぶ」という意味があります。

C 大人女子力度 0点

忙しいからと言って「自分」をほったらかしにしておくと、やがて、心身疲弊して、最悪のケースをたどる危険があります。

特に五十代以降は、まず「自分保護」をしないと、家族のため、会社のための献身も、続きません。

D 大人女子力度 5点

どんな時でも「自分」を失わない儀式、「素敵★大人女子」ならたくさん持っていてしかるべきです。それが飲み食いや買い物、おしゃべりだけではなく、軽い運動やダンス、お祈りやお清め、自然の中を散歩するなど、いろいろあるといいですね。

PART3 幸せ感

大人女子力 中〜上級編

Q10

貴女は「自分」を活かしてますか？

A	「自分」を無くして、家族のために生きています
B	「自分」にできることは何か模索しています
C	はい、もちろんです☆
D	私は「自分」より家族（ペット含む）を愛してますから♥

Q10 の 解 説

A　大人女子力度 0点

和を重んずる、男尊女卑の日本では、女性が自己主張をすることはご法度でした。その文化が心の中に根強く生きているので、家族のために生きることが美徳と感じる女性が多いのです。が、「素敵★大人女子」としては失格！

C　大人女子力度 5点

満点です♥ 「自分」を持ち、それを活かして生きている貴女は、「素敵★大人女子」。まだまだ隠れた才能があるかもしれないので、三足の草鞋を履くぐらいの気持ちで Keep Trying! 新しいことへの挑戦が、若さの秘訣です☆

B　大人女子力度 3点

人様の役に立つこと、社会貢献で「自分」を活かすこと。人にはさまざまな能力、才能があります。それを家族のためだけに使ってはもったいないのです。会社人生だった貴女も、定年後にできることは何か、今から模索してみませんか？

D　大人女子力度 0点

これも、古典的な「母性」に対する「美徳」からきている愛です。でも、ペットの寿命は短く、子どもはやがて巣立っていくもの。親は先立ち、夫も先立つかもしれません。残りの人生は、しっかり「心の自立」をして、命を燃やす日々を送りましょう。

PART3 幸せ感
中〜上級編

大人女子の幸せは総括的に

貴女のさらなる幸せ感度は何点でしたか？ 今のレベルはこちら。

0〜15点…あらあら、まだまだ修行が足りないようですねぇ。

16〜30点…今の貴女は、幸せを感じられる余裕がないのかも。

31〜40点…かなりのハイレベル！ 幸せをしっかり理解されてますね。

41点以上…すばらしい‼ 毎日が幸せで満ちあふれています。

病気や不妊、その他いろいろの悩みでスピリチュアル系にはまった時期を乗り越え、「目の前」にある「幸せ」を噛みしめるのが「素敵★大人女子」。

スピ系にはまったことがないお幸せな方も、老年期には自然と、目に見えないものに畏怖を抱き始めます。神社、仏閣へのお参りが好きになり、「トイレの神様」に手を合わせるようになるのです。

でもそれだけでは、ただのオバサン、おばあさんですよね？

「素敵★大人女子」を目指すには、「ボディ（肉体）」、「マインド（精神）」、「スピリット（魂）」のバランスを取り、総括的に「幸せ」になるべきなのです。

物質主義にとどまらず、健康オタク、スピ系にも走り過ぎない。ちょうどいい感じの価値観、雰囲気をたたえた「素敵★大人女子」に、さあ貴女もなりましょう★

PART 3
幸せ感

幸せって、何？

　幸せは、人類の永遠のテーマでもあります。

　私たちの住む社会、生息する家庭、国、そして地球には、解決しなければならない問題が山積みですが、私たち「大人女子」は、まず自分の「保護」と「救済」から始めていただきたい。

　寄る年波、ほっといたら不調が出てきて当然です。でも、そこを「知恵」と「運動」で乗り越え、ご自身の心と体が健やかで、今日もごはんが美味しくいただけたら、それにまさる幸せはないのではないでしょうか。

　体調が良く、幸せなら、その幸せを家庭や社会に還元できます。それが「素敵★大人女子」。

　せっかく素敵に生きられるはずの「大人女子」が、夢をあきらめ、開き直って、「オバサン」という器に安住するのは、残念過ぎます。

　死ぬまで前向きに生きることはつまり、「夢の創造」と「仲間づくり」、そして「心身の健康づくり」にほかならないのです。

大人女子講座

PART 4

実力テスト

大人女子力

大人女子講座　PART4　「健康」「美」「幸せ感」総合大人女子力

実力テスト編

さあ、これまでのQ&Aをクリアしてきた貴女、
今度は著者・横森理香と対戦です☆

死ぬまで「大人女子」として輝けるかどうか？
いざ対戦(^^)/

P173で今の貴女の〈PART 4 実力テスト〉
レベルをチェック!

PART4 対戦
大人女子力実力テスト

Q1

過去十年、適正体重を保っていますか？

A いや、ここ数年で十キロ以上太ってしまいました（涙）

B 若い頃よりは五キロぐらい増えているけど適正体重かと

C 適度な運動と腹八分目の食事で保っています♡

D 逆に食が細り、痩せてしまいました

Q1 の 解 説

A　大人女子力度 0点

女性ホルモンが激減するお年頃。ストレス食いをしていると太ってしまいます。お楽しみを「飲み食い」以外に見つけないと、成人病の危険性が高まり、膝関節などへの負荷もかかって、痛みが出てくる可能性も。

長生きのコツは、腹八分目 ♡

C　大人女子力度 5点

毎日体重計に乗る必要はないけど、自分の体感で、スッキリしているボディを保つのが「大人女子」のお約束♥

毎日、小一時間の軽い運動と、腹八分目の健康的な食事で、年相応のぴちぴちボディを保ちましょう。

B　大人女子力度 3点

若い頃ほど痩せている必要もないし、**成熟した女性は、少々ふっくらが魅力的**♥　皺もできにくく、女性ホルモンは脂肪から作られるので、若々しくいられます。

ただ、若い頃も太っていた人は例外。

D　大人女子力度 0点

四十代から、消化吸収能力は目減りする一方。ここで、**食生活とライフスタイルを見直さないと、老化が加速**します。

消化に良い、栄養たっぷりのスープ類、色々野菜や果物、タンパク質も欠かさず食べ、痩せ過ぎないようにしましょう。

PART4 対戦

大人女子力 実力テスト

Q2

「アーユルヴェーダ」を知っていますか?

A　「アビアンガ」でしょ? インドエステで受けたことがあります

B　はい。インドの伝承医学で、健康の奥義を知ることができます☆

C　知らなーい。メンドクサそう

D　ヴァータ、ピッタ……カバだっけ?

Q2 の解説

A　大人女子力度 3点

「アビアンガ」はアーユルヴェーダのごま油マッサージのことです。日本ではインドエステとして二十年ぐらい前に流行りましたが、痩せることだけが目的ではなく、若返りを促進し、心身のバランスを取るための健康法なのです。

C　大人女子力度 0点

確かに、メンドクサイ部分はあります。日本人には受け入れがたい食事内容や、現代人には無理なライフスタイルの提案も。
でも、自分の生活に取り入れられるものも多々。心身の健康を回復し、長生きするには大変参考になるのです。

B　大人女子力度 5点

インドの伝承医学「アーユルヴェーダ」は、自然療法として世界に知られています。
日本ではまだエステの一種のような認知度ですが、マッサージだけでなく、**自然に即したライフスタイルで健康を取り戻す、健康の奥義**が記されています。

D　大人女子力度 3点

おしいっ！ カバさんではなく「カパ」ですねw　アーユルヴェーダでは、それぞれの体質を「ヴァータ（空・風）」「ピッタ（火・水）」「カパ（水・地）」という三種類に分類。体質診断により複合型もあります。時間帯や食べ物の質も、この三種類に分けます。

PART4 対戦
大人女子力実力テスト

Q3

歯と歯茎に当てる歯ブラシの強さは？

A	B	C	D
強く、しっかり当てて磨く！	歯茎が痛いのでそっと当てています（汗）	爪の甘皮に当てて痛くないぐらい	え？ 歯には当てるけど歯茎には当ててない

Q3 の解説

A 大人女子力度 1点

歯と歯茎の間、斜め四十五度に差し込み、強く、しっかり磨けばそれだけ歯垢が取れると思いがちですが、さにあらず。

力強過ぎる歯磨きは、大切な歯のエナメル質をこそぎ、歯茎を後退させてしまいます。

B 大人女子力度 0点

まず、歯茎が腫れて痛い、という時点で「素敵★大人女子」失格。口臭の原因にもなりますし、すぐ歯医者さんに行って治療を受けてください。

歯科衛生士による正しい歯磨きと歯茎のケアも学び、お口の中から素敵になりましょう☆

C 大人女子力度 5点

ミス・ユニバース日本代表や、多くの女優、モデル、タレントのお口をケアしていることで知られる「ホワイトホワイト デンタルクリニック」(P24参照)の石井さとこ先生のわかりやすい指導☆ 自分の甘皮でやってみるとわかります♡

D 大人女子力度 0点

歯の表面だけでなく、歯と歯の間、歯茎と歯の間の歯周ポケットこそ、ケアしてあげないと「素敵★大人女子」ではいられません。

一日一回、フロスも使った徹底的なプラークコントロールで、「一生自分の歯で食べる」を目指しましょう(笑)

PART4 対戦
大人女子力実力テスト

「ミトコンドリアエンジン」って知ってる？

- A　えっ?! ミドリムシみたいな？
- B　体内の酸素を原料にエネルギーを作りだすエンジン
- C　ミトコンドリアを原料にしたダイエット食品です
- D　これから来るスーパーフードの名前☆

Q4の解説

C　大人女子力度 0点

なんかそんなものもありそうなイメージですがw　そもそも、「ダイエット食品」を思い浮かべるところで「素敵★大人女子」失格。美しく、健康で生き続けるには、「ダイエット食品」ではなく「自然食」にシフトチェンジしてください♥

A　大人女子力度 1点

「ミドリムシ／ユーグレナ」の名を知る貴女は、健康・美容意識の高い大人女子☆　でも違いますw　『50歳からは炭水化物をやめなさい』(だいわ文庫) の藤田紘一郎先生が解説する、**酸素を原料にしてエネルギーを作りだす体内エンジン**のことです。

D　大人女子力度 1点

ぜんぜん違いますが、「スーパーフード」というワードがすぐ出てくる貴女は、「大人女子力」高し君♥　栄養をばっちり取るために、さまざまなスーパーフードにもトライしてきたことでしょうが、流行り物より、地道な健康食を。

B　大人女子力度 5点

正解です☆　四十代までは糖質を原料にしてエネルギーを作る「解糖エンジン」がメインですが、五十歳からはこの「**ミトコンドリアエンジン**」がメインに切り替わります。よって、炭水化物はあまりいらなくなるとの説。

PART4 対戦

大人女子力
実力テスト

「グルテンフリー」がダイエットに良い理由を述べよ

A	パンやパスタは高カロリーで太りやすいから
B	粉ものは腹持ちが悪く、お米のほうが腹持ちがいいから
C	グルテンに含まれるグリアジンに中毒性があるから
D	グルテンフリーだとケーキやクッキーも食べられないから

Q5の解説

A　大人女子力度 1点

それも一理ありますが、問題はグルテンが脳や体に及ぼす影響。グルテンとは小麦やライ麦、大麦に含まれるタンパク質の一種。
この中の「グリアジン」は脳内で麻薬のような働きをして食欲を刺激します。もっと食べたくなるのはそのせい。

C　大人女子力度 5点

正解です☆　グリアジンを摂ると、脳内は快感を覚え、食欲中枢を刺激。中毒性が高く、もっと食べたくなってしまうのです。
また、血糖値を急上昇させ、細胞の炎症を引き起こし、老化を加速させてしまいます。

B　大人女子力度 1点

確かに、それも一理ありますが、年齢を重ねてくると、「腹持ちがいい」こと自体、必要なくなるはずｗ
年齢に見合わず圧倒的な消化吸収力を誇る貴女は、「パワー大人女子」☆
でも、上記Ａの理由で、五十歳からは炭水化物は控えてね♡

D　大人女子力度 1点

確かに、米粉のクッキーやケーキは、あるといっても希少品。たいていは小麦製品なので、グルテンフリーをやると食べられないことが多く、ダイエットに繋がります。
でも、グルテンフリーの目的はそこではないのでｗ

PART4 対戦

大人女子力実力テスト

Q6

ストレスを軽減する方法は？

A	B	C	D
友たちとのおしゃべりや冗談で笑う	面白くなくても笑顔でいる	運動やダンスで気持ちよくなる	大の字に寝転がり、深い呼吸でリラックス

Q6 の解説

A 大人女子力度 3点

大人女子にとって一番簡単な方法はコレ。ただ、友だちとの都合がつかなくなったり、体調不全で出てこられなかったりすることもあります。そして、飲み食いが必ずつきものなので、この方法ばかりを取ると、太ってしまう結果に。

B 大人女子力度 5点

ストレスを感じると出てくるホルモン、コルチゾールは、笑うと四割も軽減できるという研究結果。そして、面白くなくても常に笑顔でいると、脳が勘違いして幸せホルモンを出してくれるという話です。免疫力も高まり、笑顔筋でリフトアップ効果も！

C 大人女子力度 4点

代謝を高め、筋力を強化、体の柔軟性を高めるためにも、日々の軽い運動とストレッチは大切。全身がスッキリして、ストレスも軽減されます。
ただ、やり過ぎは禁物。関節に負担がかかり、逆に体を壊してしまいます。

D 大人女子力度 3点

ストレスを感じると、呼吸が浅くなってしまいます。運動ができない場合でも、ただ深い呼吸を繰り返すだけで、ストレスは軽減されます。大の字に横になり深呼吸できれば、より一層の効果が。ただ、これを習慣化できるかが問題。

PART4 対戦

大人女子力
実力テスト

むくみを取る方法は？

A 海藻や野菜・果物を食べる

B 塩を自然塩に変える

C 加工食品を減らす

D 味付けを薄くする

Q7の解説

A 大人女子力度 5点

海藻や野菜・果物に含まれるカリウムは、むくみの原因となる塩分を体外に出してくれる働きがあります。**塩辛いものを食べる時は、海藻、野菜を多めに摂取**☆
私は、おかきなどのスナックを食べた時は、そのあと必ず果物を食べるようにしています。

C 大人女子力度 3点

お惣菜、スナック、インスタント食品、ソーセージやハム、チーズなど、**加工食品には大量の塩が含まれていて、自然塩であることは稀。これらを減らすだけでも、むくみは軽減できます**。ただ、忙しい生活の中で、完全除去は難しい面も。

B 大人女子力度 4点

家で調理に使うお塩は、精製された食卓塩ではなく、海塩、岩塩など**自然塩にするのが大人女子の常識**。
私は二十年来の自然塩派です。外食の場合、経費の面から塩＝食卓塩を使っているところが多いので、外食を減らすのもポイント。

D 大人女子力度 3点

お醤油、味噌など、調味料には大量の塩が含まれています。味付けを薄くすることがむくみ防止のポイントですが、美味しくなくなってしまうと喜びも半減。だんだん薄味に慣らしてゆくのも一つの手です。**ええ塩梅、が健康、美、幸せのコツ**☆

PART4 対戦
大人女子力実力テスト

Q8

アンチエイジングに最適な食べ方の順序は？

A	山盛りサラダから食べる
B	食前に果物で酵素を摂る
C	タンパク質から食べる
D	食前酒からいただく

Q8の解説

A　大人女子力度 3点

食欲があり過ぎて太ってしまう人は、これもまたいい方法です。ただ、年々食が細っていく五十代以降、サラダでおなかがいっぱいになってしまうと、せっかくの食事が残念な結果に。

私は温かいものから冷めないうちにいただくことにしています。

C　大人女子力度 5点

アンチエイジングの世界的大家、ショーシャ先生（P16参照）の提唱する食べ方はこれ。血糖値の急上昇を避け、細胞の炎症＝老化を最大限減らすためにも、まずタンパク質から食べるといいようです。タンパク質と野菜がメイン、炭水化物は少量で。

B　大人女子力度 3点

切りたての果物やしぼりたてジュースで、酵素を食事の十分から二十分前に摂取しておくのが、消化を助ける方法。

ただ、食が細っていくお年頃では、これでおなかがいっぱいになってしまう可能性も。

D　大人女子力度 2点

食欲がない人などは、梅酒、養命酒などの食前酒をいただき、食欲を増してから食事をするのも一つの手。ただ、空腹時にアルコールを入れると胃壁を荒らしてしまう可能性が。また、甘いお酒でおなかがいっぱいになってしまうことも。

PART4 対戦
大人女子力実力テスト

貴女の家にある食用油は？

A	カロリーオフの「植物油」です☆
B	一番搾りの「エキストラヴァージンオリーブオイル」
C	圧搾法で作られた「太白ごま油」
D	オメガ3が取れる「亜麻仁油」

Q9 の 解 説

A 大人女子力度 0点

加工してある大量生産の植物油は、見えない細胞の炎症を起こし、老化を促進してしまいます。

サラダオイル、カロリーオフの植物油脂、一見、美容と健康に良さそうですが、さにあらず。コーヒーフレッシュ、油で揚げてある加工食品もNG。

B 大人女子力度 5点

原材料そのものを、圧搾方法で絞ってあるだけの「エキストラヴァージンオリーブオイル」は、「素敵★大人女子」御用達♥

いいオイルは美味しいだけでなく、お肌や髪を潤し、体の循環を良くして、体の隅々にまで栄養を届けてくれます。

C 大人女子力度 5点

炒ってある琥珀色のごま油と違って、香ばしさがない太白ごま油は、酸化しづらく、ノンコレステロールです。どんな料理にも合うので、和食、中華風にはコレを常備☆

家には「エキストラヴァージンオリーブオイル」と「太白ごま油」でじゅうぶんです。

D 大人女子力度 3点

お魚の油に含まれる「オメガ3」は、老化を進める炎症を抑え、脳の老化を防ぎます。日本はお魚が豊富なので、週三ぐらいでいろんなお魚をメインにいただけばそれでじゅうぶんなのですが、お魚嫌いの人は亜麻仁油を代わりに摂って♡

PART 4 対戦

大人女子力実力テスト

今日も一日元気ハツラツ☆毎朝そう感じてますか？

	A	B	C	D
	ぐっすり眠れた時はたまに	はい、毎朝、そう感じています	毎朝、なぜか不安でいっぱいです	だるくて起きたくありません

Q10の解説

A 大人女子力度 3点	C 大人女子力度 0点
たまに、ぐっすり眠れる。その時の自分の状態をよく観察して、毎日がそうあるように、生活を立て直しましょう。運動、栄養、休養の大原則を守り、早寝早起きできるようライフスタイルを見直してください☆	ネガティブになってしまうのは、ホルモンバランスのせいもあります。そういう"お年頃"であることを踏まえた上で、「健康」「美」「幸せ感」を自分史上最高の状態に導くため、この本をテキストに、今日から一歩踏み出してください。

B 大人女子力度 5点	D 大人女子力度 0点
毎日、「今日が最後の日と思って生きる」☆ これが「大人女子」の心意気です。ピンピンコロリを目指す私たちですが、いつコロリと逝くかは神のみぞ知るところ。毎日、絶好調の自分で生きられるよう、体調を整え、ゴキゲンで生きましょう！	体がだるくて起きたくない……それには必ず原因があります。病気でない限り、自分次第でイキイキ生きられます。この本に書かれた「健康」「美」「幸せ感」を高める方法を一つひとつ実践し、だるい自分とサヨナラしましょう☆

PART4 実力テスト
身も心も「素敵★大人女子」に！

これまで学んだことのまとめとしての実力テストで、貴女は何点取れましたか？

0〜15点…大人女子力度はまだまだ！ じっくりこの本を読み返してみて

16〜30点…心も体も自分に意識を向けてみることから。

31〜40点…大人女子力、ついてきましたね！ 実践してくださいね！

41点以上…貴女は協会認定講師になれる才能があります！ ぜひ実践講座に出席して「大人女子ライフアドバイザー」を目指してください♪

結果は、いかがでしたか？ 思ったよりもダメ？ それとも……。

でも、ここでへこたれていてはいけません。「素敵★大人女子」になるには、壮大な哲学的思想から、細々とした健康知識、「骨盤底筋体操」や「正しい歯磨き」まで、身に付けなければならないのですよ。

そんなのメンドクサ〜イ！ 今日もだる〜いということでは、「素敵★大人女子」にはなれません。

さあ、貴女も、今日から「早寝早起き」と「適度な運動」で、イキイキとした生活を取り戻しましょう☆

これからも、大人女子力を磨き続けていきましょう！

さあ、すべての検定を終えてみて、結果はいかがでしたか？

この大人女子力検定は、一度やっておしまい！　というわけではありません。巻末の得点シートを活用しながら、各パートを繰り返しチャレンジしてみてください。チャレンジするごとに、心も体も変わっていくことを実感していただけることでしょう。

大切なのは、とにかくひとつずつでもいいので、実践していくことです。

健康と美の土台がしっかりすれば、おのずと幸せ感もアップし、気がついたら、「あれ？　私、最近いい感じじゃない？」と思える自分がいるはずです。

そして、この本をきっかけに、まずはご自分が「素敵★大人女子」となり、周りのみんなに教えてあげられるようになる。やがて、日本全国、いえ、日本人がいるところなら世界中に、この「素敵★大人女子」向上の波が広がってゆく……。それが私の夢なのです。

昔は、各地に婦人会があり、女性たちは集まって、盆踊りをしたり、お祭りの準備をしたり、郷土料理を作ったりして、心身の健康を保ってきました。

今、そんな活動の代わりに、もっと洗練された、時代に合った女性のコミュニティが、必要なのではないでしょうか。

「一般社団法人日本大人女子協会」を立ち上げたのは、私の死後も、誰かがリーダーとなって、仲間づくりをし、日本の大人女子の「健康」「美」「幸せ感」をレベルアップし続けてほしいという願いから。

そして、それを担うのは、アナタです☆。

「え～、そんなぁ、自信ないし、そういうタイプじゃないからぁ」

175

なんて、しり込みしないでください。決意さえすれば、誰でもできることなのです。そうやって、自分で自分を盛り上げてゆく――。

そうすれば、年とともに目減りする「やる気」が出てきて、心身共に健康になっていきますよ！

最後に、私が主宰する「一般社団法人日本大人女子協会」についてのお知らせです。この本に書ききれなかったエッセンスを、協会が主宰する「大人女子講座」にて、ワタクシ横森理香が直々に伝授いたします。

「大人女子講座」三級は、四時間の講義を受けるだけで、「大人女子ソムリエ」の称号が授与されます。これは、「野菜ソムリエ」みたいな感じで、「大人女子の健康、美、幸せ感についてくわしい」という認定です。

二級は「大人女子ライフスタイルアドバイザー」。この本をテキストに、座学全過程を終了された方で、プラス4時間の実技（スタジオでの簡単な体操）と課題図書で学んでいただき、認定試験に合格した方のみ、認定証をお渡しします。「大人女子ライフスタイルアドバイザー」としてご活躍いただけます♡

遠方の方、また体調その他の理由でお出ましになれない方は、LINEビデオ、フェイスタイム、スカイプでの受講も可能です。

またこういった活動は、仲間づくりにも一役買います。遠くの方ともオンラインで繋がれるので、スマホ社会もまんざら悪くないなと感じるところです。

私が講演等で地方に赴いた際、また逆に講座やイベントで上京された際、オンラインで受講されている方に直接、お会いできるのも無上の喜びです。

本文でも紹介した、一生続けられるゆるい体操としての、「ベリーダンス健康法」にも、ぜひ参加してくださいね。

こちらも、オンラインでも参加できます。

「いや、ベリーダンスはちょっと……」という方、まずは一度、試してみてください！

普通のベリーダンスとは違う、可愛い太極拳みたいな一時間ですよ。お喋りしながら、大人女子に必要な運動がすべて含まれています★

「大人女子講座」一級は、「ベリーダンス健康法」の認定講師。参加者に必要なアドバイスをしつつ、一緒に踊れるようになるのです。自分のためにもなるし、誰かの「健康」「美」「幸せ感」をアップさせられるようになると、人生が変わりますよ！

まずは自分から★

みんなで「健康」「美」「幸せ感」のレベルアップを図り、「素敵★大人女子」を目指しましょう！

くわしくは「一般社団法人日本大人女子協会」のホームページでご覧ください。

一般社団法人日本大人女子協会
https://otonajoshi.or.jp/

「健康」「美」「幸せ感」をレベルアップする

大人女子力♡検定

発行日　2018年12月15日　第1刷

[Author] 横森理香
[Illustrator] 槇村さとる
[Book Designer] albireo
[Publication] 株式会社ディスカヴァー・トゥエンティワン
　〒102-0093　東京都千代田区平河町2-16-1 平河町森タワー 11F
　TEL：03-3237-8321（代表）／FAX：03-3237-8323／http://www.d21.co.jp
[Publisher] 干場弓子
[Editor] 大山聡子　編集協力：武居智子　大久保寛之
[Marketing Group] Staff／小田孝文　井筒浩　千葉潤子　飯田智樹　佐藤昌幸　谷口奈緒美
　古矢薫　蛯原昇　安永智洋　鍋田匠伴　榊原僚　佐竹祐哉　廣内悠理
　梅本翔太　田中姫菜　橋本莉奈　川島理　庄司知世　谷中卓　小木曽礼丈
　越野志絵良　佐々木玲奈　髙橋雛乃
[Productive Group] Staff／藤田浩芳　千葉正幸　原典宏　林秀樹　三谷祐一　大竹朝子　堀部直人
　林拓馬　塔下太朗　松石悠　木下智尋　渡辺基志
[Digital Group] Staff／清水達也　松原史与志　中澤泰宏　西川なつか　伊東佑真　牧野類　倉田華
　伊藤光太郎　高良彰子　佐藤淳基
[Global & Public Relations Group] Staff／郭迪　田中亜紀　杉田彰子　奥田千晶　連苑如　施華琴
[Assistant Staff] 俵敬子　町田加奈子　丸山香織　井諌徳子　藤井多穂子　藤井かおり　葛目美枝子
　伊藤香　鈴木洋子　石橋佐知子　伊藤由美　畑野衣見　井上竜之介　斎藤悠人
　宮崎陽子　並木楓　三角真穂
[Proofreader] 株式会社鷗来堂
[DTP] 朝日メディアインターナショナル株式会社
[Printing] 日経印刷株式会社

・定価はカバーに表示してあります。本書の無断転載・複写は、著作権法上での例外を除き禁じられています。
　インターネット、モバイル等の電子メディアにおける無断転載ならびに第三者によるスキャンやデジタル化
　もこれに準じます。
・乱丁・落丁本はお取り替えいたしますので、小社「不良品交換係」まで着払いにてお送りください。
・本書へのご意見ご感想は下記からご送信いただけます。
　http://www.d21.co.jp/contact/personal

ISBN978-4-7993-2405-9　©Rika Yokomori,2018, Printed in Japan.